WILHELM BUSCH

Bildergeschichten

WILHELM BUSCH

Bildergeschichten

Ausgewählt von Martin Weltenburger

© 1989 Manfred Pawlak Verlagsgesellschaft, mbH,
Herrsching
Edition Albatros
Alle Rechte vorbehalten
Umschlaggestaltung: Bine Cordes, Weyarn
Printed in Yugoslavia by Mladinska knjiga, Ljubljana
ISBN 3-88199-528-5

Inhalt

Max und Moritz

Eine Bubengeschichte
in sieben Streichen

Max und Moritz machten beide,
Als sie lebten, keinem Freude:
Bildlich siehst du jetzt die Possen,
Die in Wirklichkeit verdrossen,
Mit behaglichem Gekicher,
Weil du selbst vor ihnen sicher.
Aber das bedenke stets:
Wie man's treibt, mein Kind, so geht's.

Vorwort

Ach, was muß man oft von bösen
Kindern hören oder lesen!
Wie zum Beispiel hier von diesen,
Welche Max und Moritz hießen;

Die, anstatt durch weise Lehren
Sich zum Guten zu bekehren,
Oftmals noch darüber lachten
Und sich heimlich lustig machten.
Ja, zur Übeltätigkeit,
Ja, dazu ist man bereit!

Menschen necken, Tiere quälen,
Äpfel, Birnen, Zwetschgen stehlen,
Das ist freilich angenehmer
Und dazu auch viel bequemer,
Als in Kirche oder Schule
Festzusitzen auf dem Stuhle.
Aber wehe, wehe, wehe!
Wenn ich auf das Ende sehe!!
Ach, das war ein schlimmes Ding,
Wie es Max und Moritz ging!
Drum ist hier, was sie getrieben,
Abgemalt und aufgeschrieben.

Erster Streich

Mancher gibt sich viele Müh'
Mit dem lieben Federvieh;
Einesteils der Eier wegen,
Welche diese Vögel legen;
Zweitens: Weil man dann und wann
Einen Braten essen kann;
Drittens aber nimmt man auch
Ihre Federn zum Gebrauch
In die Kissen und die Pfühle,
Denn man liegt nicht gerne kühle.

Seht, da ist die Witwe Bolte,
Die das auch nicht gerne wollte.

Ihrer Hühner waren drei
Und ein stolzer Hahn dabei.

Max und Moritz dachten nun:
Was ist hier jetzt wohl zu tun?
Ganz geschwinde, eins, zwei, drei,
Schneiden sie sich Brot entzwei,

In vier Teile, jedes Stück
Wie ein kleiner Finger dick.
Diese binden sie an Fäden,
Übers Kreuz, ein Stück an jeden,
Und verlegen sie genau
In den Hof der guten Frau.
Kaum hat dies der Hahn gesehen,
Fängt er auch schon an zu krähen:

Kikeriki! Kikikerikih!! –
Tak, tak, tak! – Da kommen sie.

Hahn und Hühner schlucken munter
Jedes ein Stück Brot hinunter;

Aber als sie sich besinnen,
Konnte keines recht von hinnen.

In die Kreuz und in die Quer
Reißen sie sich hin und her,

Flattern auf und in die Höh',
Ach herrje, herrjemine!

Ach, sie bleiben an dem langen,
Dürren Ast des Baumes hangen.
Und ihr Hals wird lang und länger,
Ihr Gesang wird bang und bänger.

Jedes legt noch schnell ein Ei,
Und dann kommt der Tod herbei.

Witwe Bolte in der Kammer
Hört im Bette diesen Jammer;

Ahnungsvoll tritt sie heraus,
Ach, was war das für ein Graus!

»Fließet aus dem Aug', ihr Tränen!
All mein Hoffen, all mein Sehnen,
Meines Lebens schönster Traum
Hängt an diesem Apfelbaum!«

Tiefbetrübt und sorgenschwer
Kriegt sie jetzt das Messer her,
Nimmt die Toten von den Strängen,
Daß sie so nicht länger hängen,

Und mit stummem Trauerblick
Kehrt sie in ihr Haus zurück.

Dieses war der erste Streich,
Doch der zweite folgt sogleich.

Zweiter Streich

Als die gute Witwe Bolte
Sich von ihrem Schmerz erholte,
Dachte sie so hin und her
Daß es wohl das beste wär',
Die Verstorbnen, die hienieden
Schon so frühe abgeschieden,
Ganz im stillen und in Ehren
Gut gebraten zu verzehren.
Freilich war die Trauer groß,
Als sie nun so nackt und bloß
Abgerupft am Herde lagen,
Sie, die einst in schönen Tagen
Bald im Hofe, bald im Garten
Lebensfroh im Sande scharrten. —

Ach, Frau Bolte weint aufs neu,
Und der Spitz steht auch dabei.

Max und Moritz rochen dieses.
»Schnell aufs Dach gekrochen!« hieß es.

Durch den Schornstein mit Vergnügen
Sehen sie die Hühner liegen,
Die schon ohne Kopf und Gurgeln
Lieblich in der Pfanne schmurgeln.

Eben geht mit einem Teller
Witwe Bolte in den Keller,

Daß sie von dem Sauerkohle
Eine Portion sich hole,
Wofür sie besonders schwärmt,
Wenn er wieder aufgewärmt.

Unterdessen auf dem Dache
Ist man tätig bei der Sache.
Max hat schon mit Vorbedacht
Eine Angel mitgebracht.

Schnupdiwup! da wird nach oben
Schon ein Huhn heraufgehoben.
Schnupdiwup! jetzt Numro zwei;
Schnupdiwup! jetzt Numro drei;

Und jetzt kommt noch Numro vier:
Schnupdiwup! dich haben wir!

Zwar der Spitz sah es genau,
Und er bellt: Rawau! Rawau!

Aber schon sind sie ganz munter
Fort und von dem Dach herunter.
Na! Das wird Spektakel geben,
Denn Frau Bolte kommt soeben;

Angewurzelt stand sie da,
Als sie nach der Pfanne sah.

Alle Hühner waren fort. –
»Spitz!« – Das war ihr erstes Wort.

»O du Spitz, du Ungetüm!
Aber wart! Ich komme ihm!«
Mit dem Löffel groß und schwer
Geht es über Spitzen her;

Laut ertönt sein Wehgeschrei,
Denn er fühlt sich schuldenfrei.

Max und Moritz im Verstecke
Schnarchen aber an der Hecke
Und vom ganzen Hühnerschmaus
Guckt nur noch ein Bein heraus.

Dieses war der zweite Streich,
Doch der dritte folgt sogleich.

Dritter Streich

Jedermann im Dorfe kannte
Einen, der sich Böck benannte.

Alltagsröcke, Sonntagsröcke,
Lange Hosen, spitze Fräcke,
Westen mit bequemen Taschen,
Warme Mäntel und Gamaschen,
Alle diese Kleidungssachen
Wußte Schneider Böck zu machen.
Oder wäre was zu flicken,
Abzuschneiden, anzustücken,
Oder gar ein Knopf der Hose
Abgerissen oder lose,
Wie und wo und was es sei,
Hinten, vorne, einerlei,
Alles macht der Meister Böck,
Denn das ist sein Lebenszweck.
Drum so hat in der Gemeinde
Jedermann ihn gern zum Freunde.
Aber Max und Moritz dachten,
Wie sie ihn verdrießlich machten.

27

Nämlich vor des Meisters Hause
Floß ein Wasser mit Gebrause.

Übers Wasser führt ein Steg,
Und darüber geht der Weg.

Max und Moritz, gar nicht träge,
Sägen heimlich mit der Säge,
Ritzeratze! voller Tücke,
In die Brücke eine Lücke.

Als nun diese Tat vorbei,
Hört man plötzlich ein Geschrei:

»He, heraus! du Ziegen-Böck!
Schneider, Schneider, meck, meck, meck!«
Alles konnte Böck ertragen,
Ohne nur ein Wort zu sagen;
Aber wenn er dies erfuhr,
Ging's ihm wider die Natur.

Schnelle springt er mit der Elle
Über seines Hauses Schwelle,
Denn schon wieder ihm zum Schreck
Tönt ein lautes: »Meck, meck, meck!«

Und schon ist er auf der Brücke,
Kracks! die Brücke bricht in Stücke;

Wieder tönt es: »Meck, meck, meck!«
Plumps! da ist der Schneider weg!

Grad als dieses vorgekommen,
Kommt ein Gänsepaar geschwommen,
Welches Böck in Todeshast
Krampfhaft bei den Beinen faßt.

Beide Gänse in der Hand,
Flattert er auf trocknes Land.

Übrigens bei alledem
Ist so etwas nicht bequem;

Wie denn Böck von der Geschichte
Auch das Magendrücken kriegte.

Hoch ist hier Frau Böck zu preisen!
Denn ein heißes Bügeleisen,
Auf den kalten Leib gebracht,
Hat es wieder gutgemacht.

Bald im Dorf hinauf, hinunter,
Hieß es: »Böck ist wieder munter!«

Dieses war der dritte Streich,
Doch der vierte folgt sogleich.

Vierter Streich

Also lautet ein Beschluß,
Daß der Mensch was lernen muß.
Nicht allein das Abc
Bringt den Menschen in die Höh';
Nicht allein im Schreiben, Lesen
Übt sich ein vernünftig Wesen;
Nicht allein in Rechnungssachen
Soll der Mensch sich Mühe machen,
Sondern auch der Weisheit Lehren
Muß man mit Vergnügen hören.

Daß dies mit Verstand geschah,
War Herr Lehrer Lämpel da.

Max und Moritz, diese beiden,
Mochten ihn darum nicht leiden;
Denn wer böse Streiche macht,
Gibt nicht auf den Lehrer acht.

Nun war dieser brave Lehrer
Von dem Tobak ein Verehrer,
Was man ohne alle Frage
Nach des Tages Müh und Plage
Einem guten, alten Mann
Auch von Herzen gönnen kann.

Max und Moritz, unverdrossen,
Sinnen aber schon auf Possen,
Ob vermittelst seiner Pfeifen
Dieser Mann nicht anzugreifen.

Einstens, als es Sonntag wieder
Und Herr Lämpel, brav und bieder,
In der Kirche mit Gefühle
Saß vor seinem Orgelspiele,

Schlichen sich die bösen Buben
In sein Haus und seine Stuben,
Wo die Meerschaumpfeife stand;
Max hält sie in seiner Hand;

Aber Moritz aus der Tasche
Zieht die Flintenpulverflasche,
Und geschwinde, stopf, stopf, stopf!
Pulver in den Pfeifenkopf. –
Jetzt nur still und schnell nach Haus,
Denn schon ist die Kirche aus. –

Eben schließt in sanfter Ruh
Lämpel seine Kirche zu;

Und mit Buch und Notenheften
Nach besorgten Amtsgeschäften

Lenkt er freudig seine Schritte
Zu der heimatlichen Hütte,

Und voll Dankbarkeit sodann
Zündet er sein Pfeifchen an.

»Ach!« – spricht er – »Die größte Freud
Ist doch die Zufriedenheit!!«

Rums!! – Da geht die Pfeife los
Mit Getöse, schrecklich groß.
Kaffeetopf und Wasserglas,

Tobaksdose, Tintenfaß,
Ofen, Tisch und Sorgensitz –
Alles fliegt im Pulverblitz. –

Als der Dampf sich nun erhob,
Sieht man Lämpel, der gottlob
Lebend auf dem Rücken liegt;
Doch er hat was abgekriegt.

Nase, Hand, Gesicht und Ohren
Sind so schwarz als wie die Mohren,
Und des Haares letzter Schopf
Ist verbrannt bis auf den Kopf.

Wer soll nun die Kinder lehren
Und die Wissenschaft vermehren?
Wer soll nun für Lämpel leiten
Seine Amtestätigkeiten?
Woraus soll der Lehrer rauchen,
Wenn die Pfeife nicht zu brauchen?

Mit der Zeit wird alles heil,
Nur die Pfeife hat ihr Teil.

Dieses war der vierte Streich,
Doch der fünfte folgt sogleich.

Fünfter Streich

Wer in Dorfe oder Stadt
Einen Onkel wohnen hat,
Der sei höflich und bescheiden,
Denn das mag der Onkel leiden.
Morgens sagt man: »Guten Morgen!
Haben Sie was zu besorgen?«
Bringt ihm, was er haben muß:
Zeitung, Pfeife, Fidibus.
Oder sollt' es wo im Rücken
Drücken, beißen oder zwicken,
Gleich ist man mit Freudigkeit
Dienstbeflissen und bereit.
Oder sei's nach einer Prise,
Daß der Onkel heftig niese,
Ruft man: »Prosit!« alsogleich.
»Danke!« – »Wohl bekomm' es Euch!«
Oder kommt er spät nach Haus,
Zieht man ihm die Stiefel aus,
Holt Pantoffel, Schlafrock, Mütze,
Daß er nicht im Kalten sitze –
Kurz, man ist darauf bedacht,
Was dem Onkel Freude macht.

Max und Moritz ihrerseits
Fanden darin keinen Reiz.
Denkt euch nur, welch schlechten Witz
Machten sie mit Onkel Fritz!

Jeder weiß, was so ein Mai-
Käfer für ein Vogel sei.
In den Bäumen hin und her
Fliegt und kriecht und krabbelt er.

Max und Moritz, immer munter,
Schütteln sie vom Baum herunter.

In die Tüte von Papiere
Sperren sie die Krabbeltiere.

Fort damit und in die Ecke
Unter Onkel Fritzens Decke!

Bald zu Bett geht Onkel Fritze
In der spitzen Zippelmütze;

Seine Augen macht er zu,
Hüllt sich ein und schläft in Ruh.

Doch die Käfer, kritze, kratze!
Kommen schnell aus der Matratze.

Schon faßt einer, der voran,
Onkel Fritzens Nase an.

»Bau!« – schreit er – »Was ist das hier?!!«
Und erfaßt das Ungetier.

Und den Onkel, voller Grausen,
Sieht man aus dem Bette sausen.

»Autsch!!« – Schon wieder hat er einen
Im Genicke, an den Beinen;

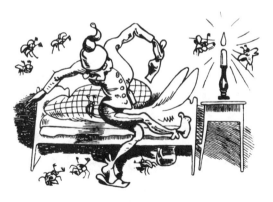

Hin und her und rundherum
Kriecht es, fliegt es mit Gebrumm.

Onkel Fritz, in dieser Not,
Haut und trampelt alles tot.

Guckste wohl! Jetzt ist's vorbei
Mit der Käferkrabbelei!

Onkel Fritz hat wieder Ruh
Und macht seine Augen zu.

Dieses war der fünfte Streich,
Doch der sechste folgt sogleich.

Sechster Streich

In der schönen Osterzeit,
Wenn die frommen Bäckersleut'
Viele süße Zuckersachen
Backen und zurechte machen,
Wünschten Max und Moritz auch
Sich so etwas zum Gebrauch.

Doch der Bäcker, mit Bedacht,
Hat das Backhaus zugemacht.

50

Also will hier einer stehlen,
Muß er durch den Schlot sich quälen.

Ratsch! Da kommen die zwei Knaben
Durch den Schornstein, schwarz wie Raben.

Puff! Sie fallen in die Kist',
Wo das Mehl darinnen ist.

Da! Nun sind sie alle beide
Rundherum so weiß wie Kreide.

Aber schon mit viel Vergnügen
Sehen sie die Brezeln liegen.

Knacks! – Da bricht der Stuhl entzwei;

Schwapp! – Da liegen sie im Brei.

Ganz von Kuchenteig umhüllt
Stehn sie da als Jammerbild.

Gleich erscheint der Meister Bäcker
Und bemerkt die Zuckerlecker.

Eins, zwei, drei! – Eh' man's gedacht,
Sind zwei Brote draus gemacht.

In dem Ofen glüht es noch –
Ruff!! – damit ins Ofenloch!

Ruff!! – man zieht sie aus der Glut;
Denn nun sind sie braun und gut.

Jeder denkt, die sind perdü!
Aber nein! — Noch leben sie!

Knusper, knasper! — wie zwei Mäuse
Fressen sie durch das Gehäuse;

Und der Meister Bäcker schrie:
»Ach herrje! Da laufen sie!«

Dieses war der sechste Streich,
Doch der letzte folgt sogleich.

Letzter Streich

Max und Moritz, wehe euch!
Jetzt kommt euer letzter Streich!

Wozu müssen auch die beiden
Löcher in die Säcke schneiden??

Seht, da trägt der Bauer Mecke
Einen seiner Maltersäcke.

Aber kaum daß er von hinnen,
Fängt das Korn schon an zu rinnen.

Und verwundert steht und spricht er:
»Zapperment! Dat Ding werd lichter!«

Hei! Da sieht er voller Freude
Max und Moritz im Getreide.

Rabs!! – in seinen großen Sack
Schaufelt er das Lumpenpack.

Max und Moritz wird es schwüle,
Denn nun geht es nach der Mühle.

»Meister Müller, he, heran!
Mahl er das, so schnell er kann!«

»Her damit!« Und in den Trichter
Schüttet er die Bösewichter.

Rickeracke! Rickeracke!
Geht die Mühle mit Geknacke.

Hier kann man sie noch erblicken,
Fein geschroten und in Stücken.

Doch sogleich verzehret sie
Meister Müllers Federvieh.

Schluß

Als man dies im Dorf erfuhr,
War von Trauer keine Spur.
Witwe Bolte, mild und weich,
Sprach: »Sieh da, ich dacht' es gleich!«
»Jajaja!« rief Meister Böck,
»Bosheit ist kein Lebenszweck!«
Drauf so sprach Herr Lehrer Lämpel:
»Dies ist wieder ein Exempel!«
»Freilich«, meint' der Zuckerbäcker,
»Warum ist der Mensch so lecker!«
Selbst der gute Onkel Fritze
Sprach: »Das kommt von dumme Witze!«
Doch der brave Bauersmann
Dachte: Wat geiht meck dat an!
Kurz, im ganzen Ort herum
Ging ein freudiges Gebrumm:
»Gott sei Dank! Nun ist's vorbei
Mit der Übeltäterei!«

Schnurrdiburr

oder
Die Bienen

O Muse! Reiche mir den Stift, den Faber
In Nürnberg fabrizieren muß!
Noch einmal sattle mir den harten Traber,
Den alten Stecken-Pegasus!
Nu jüh! – So reiten wir zu Imker Drallen
Und zu Christinen, welche schön,
Und zu Herrn Knörrje, dem sie sehr gefallen,
Und dessen Neffen, dem Eugen!

Erstes Kapitel

Sei mir gegrüßt, du lieber Mai,
Mit Laub und Blüten mancherlei!
Seid mir gegrüßt, ihr lieben Bienen,
Vom Morgensonnenstrahl beschienen!
Wie fliegt ihr munter ein und aus
In Imker Dralles Bienenhaus

Und seid zu dieser Morgenzeit
So früh schon voller Tätigkeit.

Für Diebe ist hier nichts zu machen,
Denn vor dem Tore stehn die Wachen.

Und all die wackern Handwerksleute
Die hauen, messen stillvergnügt,

Bis daß die Seite sich zur Seite
Schön sechseckt zusammenfügt.

Schau! Bienenlieschen in der Frühe
Bringt Staub und Kehricht vor die Tür;

Ja! Reinlichkeit macht viele Mühe,
Doch später macht sie auch Pläsier.

70

Wie zärtlich sorgt die Tante Linchen
Fürs liebe kleine Wickelkind.

»Hol Wasser«, ruft sie, »liebes Minchen,
Und koch den Brei, und mach geschwind!«

Auch sieht die Zofen man, die guten,
Schon emsig hin und wider gehn;

Denn Ihre Majestät geruhten,
Höchstselbst soeben aufzustehn.

71

Und nur die alten Brummeldrohnen,
Gefräßig, dick und faul und dumm,

Die ganz umsonst im Hause wohnen,
Faulenzen noch im Bett herum.

»Hum!« brummelt so ein alter Brummer,
»Was, Donner! Ist es schon so spät!?

He, Trine! Lauf einmal herummer
Und bring uns Honigbrot und Met!« –
»Geduld«, ruft sie, »ihr alten Schlecker!«
Und fliegt zu Krokus, dem Bienenbäcker. –

»Hier diese Kringel, frisch und süße«,
So lispelt Krokus, »nimm sie hin;

Doch höre, sei so gut und grüße
Aurikelchen, die Kellnerin!«

Hier steht Aurikel in der Schenke
Und zapft den Gästen das Getränke.

Als sie den Brief gelesen hat,
Da schrieb sie auf ein Rosenblatt:

Schnell fliegt das Bienchen von Aurikel
Zu Krokus mit dem Herzartikel. –

Jetzt heim! – Denn schon mit Zorngebrumme
Rumort und knurrt die Drohnenbrut:

»Du dumme Trine! Her die Mumme! –
Wenn man nicht alles selber tut!«

Zweites Kapitel

Hans Dralle hat ein Schwein gar nett,

Nur ist's nicht fett.

Es schnuppert keck in allen Ecken
Und schabt sich an den Bienenstöcken.

Die Luft ist klar, die Luft ist warm;
Hans Dralle wartet auf den Schwarm.

U,ik! U,ik! — So hat's geschrien. —
Hans Dralle denkt: Wat hat dat Swien?!

Wie staunt Hans Dralle, als er's da
Schön abgerundet stehen sah! –

Der Schweinekäufer geht vorüber:
»Was wollt Ihr für das Schwein, mein Lieber?«

»So'n twintig Daler, heb ick dacht!«
»Hier sind sie, fertig, abgemacht!«

Hans Dralle denkt sich still und froh:
Wat schert et meck! Hei woll dat jo!

Er stellt sich flugs vor seine Bienen
Und pfeift ein altes Lied von ihnen:

Fliege, liebe Biene, fliege
Über Berg und Tal
Auf die Blumen hin und wiege
Dich im Sonnenstrahl.
Kehre wieder, kehre wieder,
Wenn die Kelche zu;
Leg die süße Bürde nieder
Und geh auch zur Ruh!

Ei, ei! was soll denn dieses geben?!
Zwei Bienen schon mit Wanderstäben?!

Hans Dralle schaut ins Immenloch:
Wat Deuker! Hüte swarmt se noch!

Die Luft ist klar, die Luft ist warm;
Hans Dralle wartet auf den Schwarm.

Ihm wird so dumm und immer dummer;
Hans Dralle sinkt in sanften Schlummer.

Tüt, tüt! Sim, sim! So tönt es leise

Im Bienenstocke her und hin;
Es sammelt sich das Volk im Kreise,
Denn also spricht die Königin:
»Auf, Kinder! Schnürt die Bündel zu!
Er schnarcht, der alte Staatsfilou! –
Nennt sich gar noch Bienenvater!

Ein schöner Vater! Sagt, was tat er?
Und wozu taugt er?
Aus seinem Stinkehaken raucht er! –
Ist ein Gequalm und ein Geblase,
Ewig hat man den Dampf in der Nase! –
– Da hält man sich nun im Sommer knapp,
Schleppt und quält und rackert sich ab;
Denkt sich was zurückzulegen,
In alten Tagen den Leib zu pflegen ...
Jawohl!
Kaum sind Kisten und Kasten voll,
Trägt uns der Schelm den Schwefel ins Haus
Und räuchert und bläst uns das Leben aus.
– Kurzum! Er ist ein Schwerenöter! –
Ein Honigdieb und Bienentöter! –
Drum auf! Und folgt der Königin!!«

Schnurrdiburr! da geht er hin!

Drittes Kapitel

Zuweilen brauchet die Familie
Als Suppenkraut die Petersilie. –
Und da nun grad Christine Dralle
Heut morgen auch in diesem Falle,
So sieht man sie mit Wohlgefallen

In ihres Vaters Garten wallen. –
– Herrn Knörrjes Garten liegt daneben;
Und ach! sie denkt an Knörrje eben.
Zu Anfang schätzt sie ihn als Lehrer,
Dann aber immer mehr und mehrer;
Und also schlich die süße Pein
Sich peu à peu ins Herz hinein –
Die Liebe – meistens schmerzlich heiter –
Vergißt gar leicht die Suppenkräuter;

Sie liebt vielmehr die Blumenkelche,
Und auch Christine pflückt sich welche.

Aurikel – Krokus – diese Guten
Sind so vereint, eh' sie's vermuten.

Christine aber läßt sich nieder
Unterm Flieder. –
Herrn Knörrjes Neffe, der Eugen,
Hat dies mit Freuden angesehn;
Denn dieser Knab' von vierzehn Jahren,
So jung er ist und unerfahren,
Fühlt doch, obschon noch unbewußt,
Ein süßes Ahnen in der Brust. –

Behutsam schleichend, auf der Lauer,
Drückt er sich an die Gartenmauer;

Dann plötzlich macht er einen Satz,
Und – pitsch! – Christine kriegt'n Schmatz.

Und – schwapp! – da tönt's im tiefen Baß:
»Ha, Ungetüm, was ist denn das?!!«
Herr Knörrje schlägt mit seinem Stabe,
Und tief gekränkt entflieht der Knabe.

Herr Knörrje aber faßt ans Kinn
Christinen, seiner Nachbarin.
Er hebt es leise in die Höh' –
Ach ja! und sie errötete! –

»Hier diese Blume, darf ich's wagen?«
Christine wagt nicht nein zu sagen.

Jetzt faßt er sanft ihr um das Mieder.
Ach ja! Und sie errötet wieder.

Und jetzt, da gibt er gar zum Schluß
Dem guten Mädchen einen Kuß.

»Ade! Und also so um zehn
Beim Bienenhaus! Auf Wiedersehn!«
Eugen, der horcht, bemerkt mit Schmerzen
Das Einverständnis dieser Herzen. –

Nun steht er da und schreit und lärmt.
»He, Nachbar, he! Der Imme schwärmt!«

Viertes Kapitel

Hans Dralle, der noch immer schlief,
Als ihn Eugen so heftig rief,

Erwacht aus seinem sanften Traum –
Da hängt der Schwarm im Apfelbaum! –

Schnell Kappe her und Korb und Leiter,
Sonst fliegt er noch am Ende weiter!

Gar wohl vermummt, doch ohne Bangen
Hat er den Schwarm bereits gefangen;

Hoch oben steht er kühn und grade,
Da sticht's ihn in die linke Wade.

Au jau! – die erste Sprosse bricht,
Denn viel zu groß ist das Gewicht;

Und – kracks! – ist er herabgeschossen
Durch alle sieben Leitersprossen.

Die Bienen aber mit Gebraus
Sausen ums Haus.

Zwei Knaben sitzen an der Pfütze
Und spritzen mit der Wasserspritze.
Die Bienen kümmern sich nicht drum,
Sie sausen weiter mit Gebrumm.

Den Besen schwingt die alte Grete,
Der Kirmes-Anton bläst Trompete.

Ernst, Fritz und Wilhelm pfeifen, schrei'n;
Der Schwarm läßt sich darauf nicht ein.

Jetzt ist er oben am Kamin,
Der Schornsteinfeger sieht ihn ziehn.

Jetzt geht er übers Kirchendach;
Krach! – schießt der Förster hinten nach.

Jetzt hinkt Hans Dralle auch daher;
Und jetzo sieht man gar nichts mehr. –

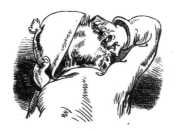

Mi ärgert man – denkt er –, datt dat
Min Nawer Knörrje seihen hat.

Fünftes Kapitel

So machet dem Apisticus
Die Schwärmerei gar viel Verdruß;
Und ganz besonders hat sie Drallen
Seit der Geschichte sehr mißfallen. –
Doch solcherlei Verdrüsse pflegen
Die Denkungskräfte anzuregen. –

Platz mot'r sin! – So denkt er weise
Und macht zwo große Strohgehäuse. –
– »Recht guten Morgen auch, mein Lieber!«
Ruft Knörrje da zu ihm herüber.
»So fleißig?! Nun, wie geht es Ihnen?
Und dann, wie geht's den lieben Bienen?«
»Jaja, de Minsche mot sick plagen!«
»Mein Freund, das müssen Sie nicht sagen!

Die Immen sind ja ein Vergnügen,
Wie sie so umeinander fliegen;
Und standen auch in großem Ruhme
Bereits im grauen Heidentume.
– So zum Exempel hielt Virgil,
Der ein Poet, von ihnen viel;
Denn als die römischen Legionen,
Die ja bekanntlich nichts verschonen,
Am Ende auch bei ihm erschienen,
Wer half ihm da wie seine Bienen?«

Friedlich lächelt Virgil,
        umsäuselt von summsenden Bienen;
Aber die runzlige Schar
        bärtiger Krieger entfleucht!

»Wenn man de Schwarmeri nich wör!«
Sagt Dralle – »Dat is dat Malheur!«
»Mein lieber Freund, das ist zum Lachen;
Ableger, Nachbar, müßt Ihr machen;
So habt Ihr, ehe man's gedacht,
Aus einem Stocke zwei gemacht;
Ableger, Freund, das heißt Methode!!«
»Adje! Dat is de nie Mode!!«

Sechstes Kapitel

Eugen, der nach dem Mittagessen
Im schattenkühlen Wald gesessen,

Sieht hier mit herzlichem Vergnügen
Aus einem Baume Bienen fliegen. –
Aha, das müssen wir versuchen,
Da drinnen gibt es Honigkuchen! –

Schnell steigt der Eugen auf den Baum
Von oben in den hohlen Raum.

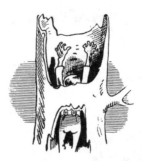

Nur Vorsicht, immer leise! – Schrapp! –
Da rutscht er auf den Grund hinab.

Da sitzt er nun im Baume fest,
Die Beine stehn im Immen-Nest.

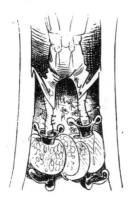

Und leider haben auch nach oben,
Die Hosenschläuche sich verschoben,
So daß auf seine bloßen Waden
Die Bienen ihren Zorn entladen. –

Ein alter, rupp'ger Tanzebär,
Der durchgebrannt, kommt auch daher.

Da muß ich wohl von oben kommen!
Denkt er — und ist hinaufgeklommen.

Ach! — Wie erschrak der Jüngling da,
Als er das Tier von hinten sah.

Uhuu! – Mit schrecklichem Geheul
Faßt er des Bären Hinterteil.
Dem Bären fährt es durch die Glieder,
Der Schreck treibt ihn nach oben wieder.

Es reißt den Knaben aus den Ritzen,
Doch beide Stiefel bleiben sitzen.

Grad ist Hans Dralle hergekommen
Und auch auf diesen Baum geklommen.

Habuh! – Was war das für ein Graus –
Grad krabbelt da der Bär heraus.

Und alle drei kopfüber purzeln
Hernieder auf des Baumes
Wurzeln,

Und grad kommt Förster Stakelmann
Und legt die lange Flinte an.

Fürwahr! er hätte ihn getroffen,
Wär' nur der Bär nicht fortgeloffen.

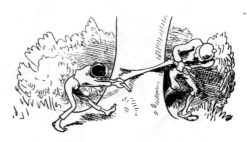

Jetzt, eins, zwei, drei, geht man dabei
Und sägt den Honigbaum entzwei.

Und denkt nicht dran, daß man durchbohre
Des Jünglings beide Stiefelrohre.

Hans Dralle aber trägt Verlangen,
Das Bienenvolk sich einzufangen.
»Nu sühst du woll! Nu heb ick deck!«
Schnurr! geht der Schwarm von unten weg.

Siebentes Kapitel

Der Knabe Eugen, der indessen
Aufs Honigessen ganz versessen,

Gedenkt denselben ganz verstohlen
Aus Dralles Körben sich zu holen.

Ojemine! ein ganzes Korps
Von Bienen rückt auf einmal vor,
Und pudelrauh ist der Eugen
Vom Kopf herab bis zu den Zehn.

Zum Glück ist Wasser in der Näh' –
Perdums! kopfüber in den See!

Sieh da! er taucht schon wieder auf
Und eilt nach Haus in schnellem Lauf.

Dem guten Knaben ist recht übel;
Drum schnell mit ihm zu Doktor Siebel.

Der Doktor Siebel horcht am Magen:
»Da murkst ja einer, möcht' ich sagen!
Und judizier' ich, daß der Knabe
Ein Ungetier im Leibe habe;

Als welches wir sogleich mit Listen
Gewissermaßen fangen müßten!«

»Schau, schau! da ist der Bösewicht!«

»Allez! – Der Schönste bist du nicht!«

Schnell huckt der Frosch zum nahen Teich
Und nimmt ein kühles Bad sogleich.
Er rüttelt sich, er schüttelt sich:
»Quarks dreckeckeck! Da danke ich!« –

Achtes Kapitel

Man sollte denken, daß nach allen
Verdrüssen, welche vorgefallen,
Am Ende dieser gute Knabe
Vor Süßigkeiten Abscheu habe! –
Ach nein! – Schon spekuliert der Tropf
Auf Vater Dralles Honigtopf,
Der, wie er weiß, auf einem Brett
Dicht über dessen Bette steht.

Als heut nun Dralle lag und schlief,
So gegen zehn recht fest und tief,

Da ist's ihm so, als ob was rauscht. –
Hans Dralle spitzt das Ohr und lauscht.

Ha! Schleicht nicht dort aus jener Tür
Ein greulich Phänomen herfür??!!

In seinen Augen kann man's lesen:
Dies ist fürwahr kein menschlich Wesen!

Ein Quadruped ist hier zu schauen,
Ein Flügeltier mit Schweif und Klauen.

Hans Dralle steht das Haar nach oben,
Die Zipfelhaube wird gehoben.

Schon kommt's mit fürchterlichen Sprüngen,
Den Bienenvater zu verschlingen.

Und dumpf ertönt's wie Geisterstimmen:
»Hans Dralle, kiek na dinen Immen!«

Es hebt sich auf die Hintertatzen,
Man hört es an den Wänden kratzen.

Gottlob! jetzt kehrt es wieder um!
Hans Dralle ist vor Schrecken stumm.

Ihm hängt der Schweiß an jedem Haar,
Bis das Phantom verschwunden war.

Bald drauf sitzt der Eugen zu Haus
Und schleckt den Topf voll Honig aus.

Neuntes Kapitel

Die Blumen, die Christine pflückte,
Womit sie Knörrje hochbeglückte,

Sie hängen auf dem Fensterbort
Und sind verdorrt.

Herr Knörrje nimmt und legt sie nieder
Und preßt sie in sein Buch der Lieder,

Wo diese treuen Seelen nun
Auf ewig beieinander ruhn.

Vom Kirchenturme tönt es zehn,
Für Knörrje ist es Zeit zum Gehn.
Er eilt aus seiner stillen Klause
Zum Rendezvous beim Bienenhause,

Wo schon Christine harrend weilt
Und ihrem Freund entgegeneilt. –

Doch horch! Was hör' ich dort sich regen?
Es ist ein Dieb auf bösen Wegen. –

Der Bienenraub ist sein Gewerbe;
Nur schnell hier in die großen Körbe!!

»Ja«, spricht der Dieb, »da ist's am besten,
Ich nehme gleich den allergrößten!«

Er packt sich richtig Knörrjen auf
Und eilt davon im Dauerlauf.

»Hoho!« – schreit Knörrje – »Wart, du Tropf!«
Und stülpt den Korb ihm übern Kopf.

Vergebens sucht er sich zu sträuben,
Er muß im Korbe sitzen bleiben. –

Doch ach! Was muß Christine schaun?!
Der Zottelbär steigt übern Zaun,

Riecht in den Korb, und mit Geblase
Steckt er durchs Spundloch seine Nase.

Hier diesen Pflock, nur flink, nur flink!
Quer durch des Bären Nasenring!

Ja, brülle nur!
Die Nase geht nicht mehr retour! –

So wär' nun alles wohl gelungen;
Die Liebenden stehn fest umschlungen.

Da naht Hans Dralle. – Die Geschichte
Sieht er mit staunendem Gesichte.

Er steht und staunt und wundert sich:
»Ne Kinders, düt verstah eck nich!«

Doch Knörrje, der das Wort genommen,
Erzählt, wie alles so gekommen.

»No ja!« – spricht Dralle – »Minetwegen!«
Und gibt dem Paare seinen Segen. –

Schon stehn umher voll Schreckensfreude
Des Dorfes wackre Biederleute.

Der Förster will den Bären schießen,
Wenn sie ihn nur zufrieden ließen.

Die Wache naht. – Sie trägt sofort
Den Dieb an einen stillen Ort.

Und auch der Bärenführer kommt
Und nimmt den Bären, welcher brommt.

Der Anton stößt in die Trompete
Und »Vivat!« schreit die alte Grete;

Und »Vivat!« schreien sie nun alle,
»Vivat, es lebe unser Dralle!!«

Zehntes Kapitel

Die Nacht ist warm, die Menschen träumen,
Und leise flüstert's in den Bäumen,
Und leise schleicht der Mondenschein
In Dralles Garten sich herein. –

Von seinem Dämmerlicht beschienen,
In Gras und Blüten, summen Bienen.
Die feiern heut bei des Mai's Beginn
Das Hochzeitsfest der Königin.

Schon sitzen im hohen Rosensaal
Die Königin und der Prinzgemahl.

Sie winkt – da schießet mit Getos
Der Bombardör den Böller los.

Zing, zing! Traromm! – Und auf der Stelle
Ertönen die Klänge der Hofkapelle.

Die Fliege blus Trompete,
Der Mück Klarinette,
Die Hummel die Trummel,
Der Heuschreck die Geigen;
Das gab fürwahr einen lustigen Reigen. –

Schau! Holzbock, der Lange,
Ist eifrig im Gange
Mit Bienenlieschen
Auf zierlichen Füßchen –

Und da der Kleine
Mit Minchen, dem Bienchen,
Rührt auch die Beine. –
Und seht mir nur das nette Trinchen!

Da macht ja wohl Herr Schröter
Den angenehmen Schwerenöter!

Im Apfelbaum sitzt auch der Mond
Und hat dem Feste beigewohnt. –

Nun waren da auch zwei Maienkäfer,
Recht nette Bübchen,
Doch blöde Schäfer;
Die rauchen und trinken im Nebenstübchen,

Bis daß sie im nassen Grase liegen
Und können nicht mehr nach Hause fliegen.
– Der Wächter Schuhu findet sie.
Er spricht: »Aha, das sind ja die!! –
Schon wieder mal!!« –

Und bringt sie in sein Wachtlokal.

Der Mond, der auch nicht recht mehr munter,
Hüllt sich in Wolken und geht unter.

Die fromme Helene

Lenchen kommt aufs Land

Wie der Wind in Trauerweiden
Tönt des frommen Sängers Lied,
Wenn er auf die Lasterfreuden
In den großen Städten sieht.

Ach, die sittenlose Presse!
Tut sie nicht in früher Stund
All die sündlichen Exzesse
Schon den Bürgersleuten kund?!

Offenbach ist im Thalia,
Hier sind Bälle, da Konzerts.
Annchen, Hannchen und Maria
Hüpft vor Freuden schon das Herz.

145

Kaum trank man die letzte Tasse,
Putzt man schon den irdschen Leib.
Auf dem Walle, auf der Gasse
Wimmelt man zum Zeitvertreib.

Und der Jud mit krummer Ferse,
Krummer Nas' und krummer Hos'
Schlängelt sich zur hohen Börse
Tiefverderbt und seelenlos.

Wie sie schauen, wie sie grüßen!
Hier die zierlichen Mosjös,
Dort die Damen mit den süßen
Himmlisch hohen Prachtpopös.

Schweigen will ich von Lokalen,
Wo der Böse nächtlich praßt,
Wo im Kreis der Liberalen
Man den Heilgen Vater haßt.

Schweigen will ich von Konzerten,
Wo der Kenner hochentzückt
Mit dem seelenvoll-verklärten
Opernglase um sich blickt,

Wo mit weichen Wogebusen
Man sich warm zusammensitzt,
Wo der hehre Chor der Musen,
Wo Apollo selber schwitzt.

Schweigen will ich vom Theater,
Wie von da, des Abends spät,
Schöne Mutter, alter Vater
Arm in Arm nach Hause geht.

146

Zwar man zeuget viele Kinder,
Doch man denket nichts dabei.
Und die Kinder werden Sünder,
Wenn's den Eltern einerlei.

»Komm, Helenchen!« sprach der brave
Vormund. – »Komm, mein liebes Kind!
Komm aufs Land, wo sanfte Schafe
Und die frommen Lämmer sind.

Da ist Onkel, da ist Tante,
Da ist Tugend und Verstand,
Da sind deine Anverwandte!«

So kam Lenchen auf das Land.

Des Onkels Nachthemd

»Helene!« sprach der Onkel Nolte –
»Was ich schon immer sagen wollte!
Ich warne dich als Mensch und Christ:

Oh, hüte dich vor allem Bösen!
Es macht Pläsier, wenn man es ist,
Es macht Verdruß, wenn man's gewesen!«

»Ja leider!« – sprach die milde Tante –
»So ging es vielen, die ich kannte!
Drum soll ein Kind die weisen Lehren
Der alten Leute hochverehren!
Die haben alles hinter sich
Und sind, gottlob! recht tugendlich!
Nun gute Nacht! Es ist schon späte!
Und, gutes Lenchen, bete, bete!«

Helene geht. – Und mit Vergnügen
Sieht sie des Onkels Nachthemd liegen.

Die Nadel her, so schnell es geht!
Und Hals und Ärmel zugenäht!

Darauf begibt sie sich zur Ruh
Und deckt sich warm und fröhlich zu.

Bald kommt der Onkel auch herein
Und scheint bereits recht müd zu sein.

Erst nimmt er seine Schlummerprise,
Denn er ist sehr gewöhnt an diese.

Und nun vertauscht er mit Bedacht
Das Hemd des Tags mit dem der Nacht.

Doch geht's nicht so, wie er wohl möcht',
Denn die Geschichte will nicht recht.

»Potz tausend, das ist wunderlich!«
Der Onkel Nolte ärgert sich.

Er ärgert sich, doch hilft es nicht.
Ja, siehste wohl! Da liegt das Licht!

Stets größer wird der Ärger nur,
Es fällt die Dose und die Uhr.

Rack! – stößt er an den Tisch der Nacht,
Was einen großen Lärm gemacht.

Hier kommt die Tante mit dem Licht. –
Der Onkel hat schon Luft gekriegt.

»O sündenvolle Kreatur!
Dich mein' ich dort! – Ja, schnarche nur!«

Helene denkt: Dies will ich nun
Auch ganz gewiß nicht wieder tun.

Vetter Franz

Helenchen wächst und wird gescheit
Und trägt bereits ein langes Kleid. –

»Na, Lene! Hast du's schon vernommen?
Der Vetter Franz ist angekommen.«
So sprach die Tante früh um achte,
Indem sie grade Kaffee machte.
»Und, hörst du, sei fein hübsch manierlich
Und zeige dich nicht ungebührlich,
Und sitz bei Tische nicht so krumm,
Und gaffe nicht so viel herum.
Und ganz besonders muß ich bitten:
Das Grüne, was so ausgeschnitten –
Du ziehst mir nicht das Grüne an,
Weil ich's nun mal nicht leiden kann.«

Ei! – denkt Helene – Schläft er noch?
Und schaut auch schon durchs Schlüsselloch.

Der Franz, ermüdet von der Reise,
Liegt tief versteckt im Bettgehäuse.

»Ah, ja ja jam!« – so gähnt er eben –
»Es wird wohl Zeit, sich zu erheben

Und sich allmählich zu bequemen,
Die Morgenwäsche vorzunehmen.«

Zum ersten: ist es mal so schicklich,

Zum zweiten: ist es sehr erquicklich,

Zum dritten: ist man sehr bestaubt

Und viertens: soll man's überhaupt.

Denn fünftens: ziert es das Gesicht.

Und schließlich: schaden tut's mal nicht!

Wie fröhlich ist der Wandersmann,
Zieht er das reine Hemd sich an.

Und neugestärkt und friedlich-heiter
Bekleidet er sich emsig weiter.

Und erntet endlich stillerfreut

Die Früchte seiner Reinlichkeit.

Jetzt steckt der Franz die Pfeife an,
Helene eilt, so schnell sie kann.

Plemm! – stößt sie an die alte Brause,
Die oben steht im Treppenhause.

Sie kommt auf Hannchen hergerollt,
Die Franzens Stiefel holen wollt.

Die Lene rutscht, es rutscht die Hanne;
Die Tante trägt die Kaffeekanne.

Da geht es klirr! und klipp! und klapp!
Und auch der Onkel kriegt was ab.

Der Frosch

Der Franz, ein Schüler hochgelehrt,
Macht sich gar bald beliebt und wert.
So hat er einstens in der Nacht
Beifolgendes Gedicht gemacht:

Als ich so von ungefähr
Durch den Wald spazierte,
Kam ein bunter Vogel, der
Pfiff und quinquilierte.

Was der bunte Vogel pfiff,
Fühle und begreif' ich:
Liebe ist der Inbegriff,
Auf das andre pfeif' ich.

Er schenkt's Helenen, die darob
Gar hocherfreut und voller Lob.

Und Franz war wirklich angenehm,
Teils dieserhalb, teils außerdem.

Wenn in der Küche oder Kammer
Ein Nagel fehlt — Franz holt den Hammer!

Wenn man den Kellerraum betritt,
Wo's öd und dunkel — Franz geht mit!

Wenn man nach dem Gemüse sah
In Feld und Garten — Franz ist da! —

Oft ist z. B. an den Stangen
Die Bohne schwierig zu erlangen.

Franz aber faßt die Leiter an,
Daß Lenchen ja nicht fallen kann.

Und ist sie dann da oben fertig –
Franz ist zur Hilfe gegenwärtig.

Kurzum! Es sei nun, was es sei –
Der Vetter Franz ist gern dabei.

Indessen ganz insonderheit
Ist er voll Scherz und Lustbarkeit.

Schau, schau! Da schlupft und hupft im Grün
Ein Frosch herum. – Gleich hat er ihn!

Und setzt ihn heimlich nackt und bloß
In Nolten seine Tabaksdos'.

Wie nun der sanfte Onkel Nolte
Sich eine Prise schöpfen wollte –

Hucks da! Mit einem Satze saß
Der Frosch an Nolten seiner Nas.

Platsch! springt er in die Tasse gar,
Worin noch schöner Kaffee war.

Schlupp! sitzt er in der Butterbemme,
Ein kleines Weilchen in der Klemme.

Putsch! – Ach, der Todesschreck ist groß!
Er hupft in Tante ihren Schoß.

Der Onkel ruft und zieht die Schelle:
»He, Hannchen, Hannchen, komme schnelle!«

Und Hannchen ohne Furcht und Bangen
Entfernt das Scheusal mit der Zangen.

Nun kehrt die Tante auch zum Glück
Ins selbstbewußte Sein zurück.

Wie hat Helene da gelacht,
Als Vetter Franz den Scherz gemacht!

Eins aber war von ihm nicht schön:
Man sah ihn oft bei Hannchen stehn!

Doch jeder Jüngling hat wohl mal
'n Hang fürs Küchenpersonal,
Und sündhaft ist der Mensch im ganzen!
Wie betet Lenchen da für Franzen!

Nur einer war, der heimlich grollte:
Das ist der ahnungsvolle Nolte.
Natürlich tut er dieses bloß
In Anbetracht der Tabaksdos'.
Er war auch wirklich voller Freud,
Als nun vorbei die Ferienzeit
Und Franz mit Schrecken wiederum
Zurück muß aufs Gymnasium.

Der Liebesbrief

Und wenn er sich auch ärgern sollte,
Was schert mich dieser Onkel Nolte!

So denkt Helene leider Gotts!
Und schreibt dem Onkel grad zum Trotz:

»Geliebter Franz!
Du weißt es ja, Dein bin ich ganz!

177

Wie reizend schön war doch die Zeit,
Wie himmlisch war das Herz erfreut,

Als in den Schnabelbohnen drin
Der Jemand eine Jemandin,

Ich darf wohl sagen: herzlich küßte. –
Ach Gott, wenn das die Tante wüßte!
Und ach! Wie ist es hierzuland
Doch jetzt so schrecklich anigant!

Der Onkel ist, gottlob! recht dumm,
Die Tante nöckert sich herum,

179

Und beide sind so furchtbar fromm;
Wenn's irgend möglich, Franz, so komm
Und trockne meiner Sehnsucht Träne!
10000 Küsse von

        Helene.«

Jetzt Siegellack! – Doch weh! Alsbald

Ruft Onkel Nolte donnernd: »Halt!«

Und an Helenens Nase stracks
Klebt das erhitzte Siegelwachs.

Eine unruhige Nacht

In der Kammer, still und donkel,
Schläft die Tante bei dem Onkel.

Mit der Angelschnur versehen,
Naht sich Lenchen auf den Zehen.

Zupp! — Schon lüftet sich die Decke
Zu des Onkels großem Schrecke.

Zupp! — Jetzt spürt die Tante auch
An dem Fuß den kalten Hauch.

»Nolte!« ruft sie. »Lasse das,
Denn das ist ein dummer Spaß!«

Und mit Murren und Gebrumm
Kehrt man beiderseits sich um.

Schnupp! – Da liegt man gänzlich bloß,
Und die Zornigkeit wird groß;

Und der Schlüsselbund erklirrt,
Bis der Onkel flüchtig wird.

Autsch? Wie tut der Fuß so weh!
An der Angel sitzt der Zeh.

Lene hört nicht auf zu zupfen,
Onkel Nolte, der muß hupfen.

Lene hält die Türe zu.
Oh, du böse Lene du!

Stille wird es nach und nach,
Friede herrscht im Schlafgemach.

Am Morgen aber ward es klar,
Was nachts im Rat beschlossen war.
Kalt, ernst und dumpf sprach Onkel Nolte:
»Helene, was ich sagen wollte – «

»Ach!« – rief sie – »Ach! Ich will es nun
Auch ganz gewiß nicht wieder tun!«

»Es ist zu spät! – Drum stantepeh
Pack deine Sachen! – So! – Ade!«

Interimistische Zerstreuung

Ratsam ist und bleibt es immer
Für ein junges Frauenzimmer,
Einen Mann sich zu erwählen
Und womöglich zu vermählen.

Erstens: will es so der Brauch.
Zweitens: will man's selber auch.
Drittens: Man bedarf der Leitung
Und der männlichen Begleitung;

Weil bekanntlich manche Sachen,
Welche große Freude machen,
Mädchen nicht allein verstehn;
Als da ist: ins Wirtshaus gehn. –

Freilich oft, wenn man auch möchte,
Findet sich nicht gleich der Rechte;
Und derweil man so allein,
Sucht man sonst sich zu zerstreun.

Lene hat zu diesem Zwecke
Zwei Kanari in der Hecke,

Welche Niep und Piep genannt.
Zierlich fraßen aus der Hand
Diese goldignetten Mätzchen;

Aber Mienzi hieß das Kätzchen.

Einstens kam auch auf Besuch
Kater Munzel, frech und klug.

Alsobald so ist man einig. –
Fest entschlossen, still und schleunig

Ziehen sie voll Mörderdrang
Niep und Piep die Hälse lang.

Drauf so schreiten sie ganz heiter
Zu dem Kaffeetische weiter. –

Mienzi mit den sanften Tätzchen
Nimmt die guten Zuckerplätzchen.
Aber Munzels dicker Kopf
Quält sich in den Sahnetopf.
Grad kommt Lene, welche drüben
Eben einen Brief geschrieben,
Mit dem Licht und Siegellack
Und bemerkt das Lumpenpack.

Mienzi kann noch schnell enteilen,
Aber Munzel muß verweilen;

Denn es sitzt an Munzels Kopf
Festgeschmiegt der Sahnetopf.

Blindlings stürzt er sich zur Erd.
Klacks! – Der Topf ist nichts mehr wert.

Aufs Büfett geht es jetzunder;
Flaschen, Gläser – alles runter!

Sehr in Ängsten sieht man ihn

Aufwärts sausen am Kamin.
Ach! – Die Venus ist perdü –
Klickeradoms! – von Medici!

Weh! Mit einem Satze ist er
Vom Kamine an dem Lüster;

Und da geht es Klingelingelings!
Unten liegt das teure Dings.

Schnell sucht Munzel zu entrinnen,
Doch er kann nicht mehr von hinnen. –

Wehe, Munzel! – Lene kriegt
Tute, Siegellack und Licht.

Allererst tut man die Tute
An des Schweifs behaarte Rute;

Dann das Lack, nachdem's erhitzt,
Auf die Tute, bis sie sitzt.

Drauf hält man das Licht daran,
Daß die Tute brennen kann.

Jetzt läßt man den Munzel los –
Mau! – Wie ist die Hitze groß!

Der Heiratsentschluß

Wenn's einer davon haben kann,
So bleibt er gerne dann und wann
Des Morgens, wenn das Wetter kühle,
Noch etwas liegen auf dem Pfühle
Und denkt sich so in seinem Sinn:
Na, dämmre noch 'n bissel hin!
Und denkt so hin und denkt so her,
Wie dies wohl wär', wenn das nicht wär'. –
Und schließlich wird es ihm zu dumm. –
Er wendet sich nach vorne um,
Kreucht von der warmen Lagerstätte
Und geht an seine Toilette.

Die Propretät ist sehr zu schätzen,
Doch kann sie manches nicht ersetzen.

Der Mensch
Wird schließlich mangelhaft.

ACHTES KAPITEL

Die Locke wird hinweggerafft. −

Mehr ist hier schon die Kunst zu loben,

Denn Schönheit wird durch Kunst gehoben. −

Allein auch dieses, auf die Dauer,
Fällt doch dem Menschen schließlich sauer. –

»Es sei!« – sprach Lene heute früh –
»Ich nehme Schmöck und Companie!«

G. J. C. Schmöck, schon längst bereit,
Ist dieserhalb gar hoch erfreut.
Und als der Frühling kam ins Land,
Ward Lene Madam Schmöck genannt.

Die Hochzeitsreise

's war Heidelberg, das sich erwählten
Als Freudenort die Neuvermählten. –

Wie lieblich wandelt man zu zwein
Das Schloß hinauf im Sonnenschein.

»Ach, sieh nur mal, geliebter Schorsch!
Hier diese Trümmer alt und morsch!«

»Ja!« – sprach er – »Aber diese Hitze!
Und fühle nur mal, wie ich schwitze!«

Ruinen machen vielen Spaß. —
Auch sieht man gern das große Faß.

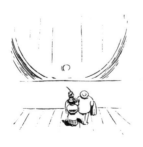

Und — alle Ehrfurcht! —
muß ich sagen.

Alsbald, so sitzt man froh im Wagen

Und sieht das Panorama schnelle
Vorüberziehn bis zum Hotelle;

Denn Spargel, Schinken, Koteletts
Sind doch mitunter auch was Netts.

206

»Pist! Kellner! Stell'n Sie eine kalt!
Und, Kellner, aber möglichst bald!«

Der Kellner hört des Fremden Wort.
Es saust der Frack. Schon eilt er fort.

Wie lieb und luftig perlt die Blase
Der Witwe Klicko in dem Glase. –

Gelobt seist du viel tausendmal!
Helene blättert im Journal.

»Pist! Kellner! Noch einmal so eine!« –
– Helene ihre Uhr ist neune. –

Der Kellner hört des Fremden Wort.
Es saust der Frack. Schon eilt er fort.

Wie lieb und luftig perlt die Blase.
Der Witwe Klicko in dem Glase.

»Pist! Kellner! Noch so was von den!« –
– Helenen ihre Uhr ist zehn. –

Schon eilt der Kellner emsig fort. —
Helene spricht ein ernstes Wort. —

Der Kellner leuchtet auf der Stiegen.
Der fremde Herr ist voll Vergnügen.

Pitsch! – Sieh da!
Er löscht das Licht.

Plumps! liegt er da
Und rührt sich nicht.

Löbliche Tätigkeit

Viele Madams, die ohne Sorgen,
In Sicherheit und wohlgeborgen,
Die denken: Pa! Es hat noch Zeit! –
Und bleiben ohne Frömmigkeit. –

Wie lobenswert ist da Helene!
Helene denkt nicht so wie jene. –
Nein, nein! Sie wandelt oft und gerne
Zur Kirche hin, obschon sie ferne.

Und Jean, mit demutsvollem Blick,
Drei Schritte hinterwärts zurück,
Das Buch der Lieder in der Hand,
Folgt seiner Herrin unverwandt.

213

Doch ist Helene nicht allein
Nur auf sich selbst bedacht. – O nein! –
Ein guter Mensch gibt gerne acht,
Ob auch der andre was Böses macht;
Und strebt durch häufige Belehrung
Nach seiner Beßrung und Bekehrung.

»Schang!« sprach sie einstens – »Deine Taschen
Sind oft so dick! Schang! Tust du naschen?

Ja, siehst du wohl! Ich dacht' es gleich!
O Schang! Denk an das Himmelreich!«

Dies Wort drang ihm in die Natur,
So daß er schleunigst Beßrung schwur.

Doch nicht durch Worte nur allein
Soll man dem andern nützlich sein. –

Helene strickt die guten Jacken,
Die so erquicklich für den Nacken;
Denn draußen wehen rauhe Winde. –
Sie fertigt auch die warme Binde;
Denn diese ist für kalte Mägen
Zur Winterszeit ein wahrer Segen.

Sie pflegt mit herzlichem Pläsier
Sogar den fränk'schen Offizier,
Der noch mit mehren dieses Jahr
Im deutschen Reiche seßhaft war. –

Besonders aber tat ihr leid
Der armen Leute Bedürftigkeit. –
Und da der Arzt mit Ernst geraten,
Den Leib in warmem Wein zu baden,

So tut sie's auch.

                    Oh, wie erfreut
Ist nun die Schar der armen Leut;

Die, sich recht innerlich zu laben,
Doch auch mal etwas Warmes haben.

ELFTES KAPITEL

Geistlicher Rat

Viel Freude macht, wie männiglich bekannt,
Für Mann und Weib der heilige Ehestand!
Und lieblich ist es für den Frommen,
Der die Genehmigung dazu bekommen,
Wenn er sodann nach der üblichen Frist
Glücklicher Vater und Mutter ist. –
– Doch manchmal ärgert man sich bloß,
Denn die Ehe bleibt kinderlos. –

Dieses erfuhr nach einiger Zeit
Helene mit großer Traurigkeit. –

Nun wohnte allda ein frommer Mann,
Bei Sankt Peter dicht nebenan,
Von Frau'n und Jungfrau'n weit und breit
Hochgepriesen ob seiner Gelehrsamkeit. –
(Jetzt war er freilich schon etwas kränklich.)

»O meine Tochter!« sprach er bedenklich –
»Dieses ist ein schwierig Kapitel;
Da helfen allein die geistlichen Mittel!
Drum, meine Beste, ist dies mein Rat:
Schreite hinauf den steilen Pfad
Und folge der seligen Pilger-Spur
Gen Chosemont de bon secours,
Denn dorten, berühmt seit alter Zeit,
Stehet die Wiege der Fruchtbarkeit.

Und wer allda sich hinverfügt,
Und wer allda die Wiege gewiegt,
Der spürete bald nach selbiger Fahrt,
Daß die Geschichte anders ward.

217

Solches hat noch vor etlichen Jahren
Leider Gottes! eine fromme Jungfer erfahren,
Welche, indem sie bis dato in diesen
Dingen nicht sattsam unterwiesen,
Aus Unbedacht und kindlichem Vergnügen
Die Wiege hat angefangen zu wiegen. —
Und ob sie schon nur ein wenig gewiegt,
Hat sie dennoch ein ganz kleines Kind gekriegt. —

Auch kam da ein frecher Pilgersmann,
Der rühret aus Vorwitz die Wiegen an.
Darauf nach etwa etlichen Wochen,
Nachdem er dieses verübt und verbrochen,
Und — — Doch meine Liebe, genug für heute!
Ich höre, daß es zur Metten läute.
Addio! Und — Trost sei dir beschieden!
Zeuge hin in Frieden!«

Die Wallfahrt

Hoch von gnadenreicher Stelle
Winkt die Schenke und Kapelle.

Aus dem Tale zu der Höhe,
In dem seligen Gedränge
Andachtsvoller Christenmenge
Fühlt man froh des andern Nähe;
Denn hervor aus Herz und Munde,
Aus der Seele tiefstem Grunde
Haucht sich warm und innig an
Pilgerin und Pilgersmann. —

Hier vor allen, schuhbestaubt,
Warm ums Herze, warm ums Haupt,
Oft erprobt in ernster Kraft,
Schreitet die Erzgebruderschaft. —

Itzo kommt die Jungferngilde,
Auf den Lippen Harmonie,
In dem Busen Engelsmilde,
In der Hand das Paraplü. —
Oh, wie lieblich tönt der Chor!
Bruder Jochen betet vor. —

Aber dort im Sonnenscheine
Geht Helene traurig-heiter,

Sozusagen, ganz alleine,

Denn ihr einziger Begleiter,
Stillverklärt im Sonnenglanz,
Ist der gute Vetter Franz,
Den seit kurzem die Bekannten
Nur den »heil'gen« Franz benannten. –
Traulich wallen sie zu zweit
Als zwei fromme Pilgersleut.

Gott sei Dank, jetzt ist man oben!
Und mit Preisen und mit Loben
Und mit Eifer und Bedacht
Wird das Nötige vollbracht.

Freudig eilt man nun zur Schenke,
Freudig greift man zum Getränke,
Welches schon seit langer Zeit
In des Klosters Einsamkeit,
Ernstbesonnen, stillvertraut,
Bruder Jakob öfters braut.

Hierbei schaun sich innig an
Pilgerin und Pilgersmann.

Endlich nach des Tages Schwüle
Naht die sanfte Abendkühle.

In dem goldnen Mondenscheine
Geht Helene froh und heiter,
Sozusagen, ganz alleine,
Denn ihr einziger Begleiter,
Stillverklärt im Mondesglanz,
Ist der heil'ge Vetter Franz.
Traulich ziehn sie heim zu zweit
Als zwei gute Pilgersleut. –

Doch die Erzgebruderschaft
Nebst den Jungfern tugendhaft,
Die sich etwas sehr verspätet,
Kommen jetzt erst angebetet.
O wie lieblich tönt der Chor!
Bruder Jochen betet vor.

Schau, da kommt von ungefähr
Eine Droschke noch daher. –

Er, der diese Droschke fuhr,
Frech und ruchlos von Natur,
Heimlich denkend: Papperlapp!
Tuet seinen Hut nicht ab. –

Weh! Schon schau'n ihn grollend an
Pilgerin und Pilgersmann. –
Zwar der Kutscher sucht mit Klappen
Anzuspornen seinen Rappen,

Aber Jochen schiebt die lange
Jungfernbundesfahnenstange
Durch die Hinterräder quer –

Schrupp! – und 's Fuhrwerk geht nicht mehr. –

Bei den Beinen, bei dem Rocke
Zieht man ihn von seinem Bocke.

Jungfer Nanni mit der Krücke
Stößt ihm häufig ins Genicke.
Aber Jungfer Adelheid
Treibt die Sache gar zu weit,

Denn sie sticht in Kampfeshitze
Mit des Schirmes scharfer Spitze;

Und vor Schaden schützt ihn bloß
Seine warme Lederhos'. –

Drauf so schau'n sich fröhlich an
Pilgerin und Pilgersmann. –

Fern verklingt der Jungfernchor
Bruder Jochen betet vor. –

Doch der böse Kutscher, dem
Alles dieses nicht genehm,

Meldet eilig die Geschichte
Bei dem hohen Stadtgerichte.
Dieses ladet baldigst vor
Jochen und den Jungfernchor.

Und das Urteil wird gesprochen:
Bruder Jochen kriegt drei Wochen;
Aber Jungf- und Bruderschaften
Sollen für die Kosten haften. —

Ach! Da schau'n sich traurig an
Pilgerin und Pilgersmann.

Die Zwillinge

Wo kriegten wir die Kinder her,
Wenn Meister Klapperstorch nicht wär?

Er war's, der Schmöcks in letzter Nacht
Ein kleines Zwillingspaar gebracht.

Der Vetter Franz, mit mildem Blick,
Hub an und sprach: »O welches Glück!
Welch kleine, freundliche Kollegen!
Das ist fürwahr zwiefacher Segen!
Drum töne zwiefach Preis und Ehr!
Herr Schmöck, ich gratuliere sehr!«

Bald drauf um zwölf kommt Schmöck herunter,

So recht vergnügt und frisch und munter.
Und emsig setzt er sich zu Tische,
Denn heute gibt's Salat und Fische.

Autsch! — Eine Gräte kommt verquer,
Und Schmöck wird blau und hustet sehr;

Und hustet, bis ihm der Salat
Aus beiden Ohren fliegen tat.

Bums! Da! Er schließt den Lebenslauf.
Der Jean fängt schnell die Flasche auf.

»Oh!« – sprach der Jean – »Es ist ein Graus!
Wie schnell ist doch das Leben aus!«

Ein treuloser Freund

»O Franz!« – spricht Lene – und sie weint.
»O Franz! Du bist mein einz'ger Freund!«
»Ja!« – schwört der Franz mit mildem Hauch.
»Ich war's, ich bin's und bleib' es auch!«

Nun gute Nacht! Schon tönt es zehn!
Will's Gott! Auf baldig Wiedersehn!

Die Stiegen steigt er sanft hinunter. –
Schau, schau! Die Kathi ist noch munter.

Das freut den Franz. – Er hat nun mal
'n Hang fürs Küchenpersonal.

Der Jean, der heimlich näher schlich,
Bemerkt die Sache zorniglich.

Von großer Eifersucht erfüllt,
Hebt er die Flasche rasch und wild.

Und – kracks! – Es dringt der scharfe Schlag
Bis tief in das Gedankenfach.

's ist aus! – Der Lebensfaden bricht. –
Helene naht. – Es fällt das Licht. –

Die Reue

Ach, wie ist der Mensch so sündig! –
Lene, Lene! Gehe in dich! –

Und sie eilet tieferschüttert
Zu dem Schranke schmerzdurchzittert.

Fort! Ihr falschgesinnten Zöpfe,
Schminke und Pomadetöpfe!

236

Fort! Du Apparat der Lüste!
Hochgewölbtes Herzgerüste!

Fort vor allem mit dem Übel
Dieser Lust- und Sündenstiebel!

Trödelkram der Eitelkeit,
Fort, und sei der Glut geweiht!

Oh, wie lieblich sind die Schuhe
Demutsvoller Seelenruhe! –

Sieh, da geht Helene hin,
Eine schlanke Büßerin!

Versuchung und Ende

Es ist ein Brauch von alters her:
Wer Sorgen hat, hat auch Likör!

»Nein!« – ruft Helene – »Aber nun
Will ich's auch ganz – und ganz – und ganz –
und ganz gewiß nicht wieder tun!«

Sie kniet von ferne fromm und frisch.
Die Flasche stehet auf dem Tisch.

Es läßt sich knien auch ohne Pult.
Die Flasche wartet mit Geduld.

Man liest nicht gerne weit vom Licht.
Die Flasche glänzt und rührt sich nicht.

Oft liest man mehr als wie genug.
Die Flasche ist kein Liederbuch.

Gefährlich ist des Freundes Nähe.
O Lene, Lene! Wehe, Wehe!

Oh, sieh! – Im sel'gen Nachtgewande
Erscheint die jüngstverstorbne Tante.

Mit geisterhaftem Schmerzgetöne –
»Helene!« – ruft sie – »O Helene!«

Umsonst! – Es fällt die Lampe um,
Gefüllt mit dem Petroleum.

Und hilflos und mit Angstgewimmer
Verkohlt dies fromme Frauenzimmer.

Hier sieht man ihre Trümmer rauchen.
Der Rest ist nicht mehr zu gebrauchen.

Triumph des Bösen

Hu!-draußen welch ein schrecklich Grausen!
Blitz, Donner, Nacht und Sturmesbrausen! –

Schon wartet an des Hauses Schlote
Der Unterwelt geschwänzter Bote.

Zwar Lenens guter Genius
Bekämpft den Geist der Finsternus,

Doch dieser kehrt sich um und packt
Ihn mit der Gabel zwiegezackt.

O weh, o weh! der Gute fällt!
Es siegt der Geist der Unterwelt.

Er faßt die arme Seele schnelle

Und fährt mit ihr zum Schlund der Hölle.

Hinein mit ihr! – Huhu! Haha!
Der heil'ge Franz ist auch schon da.

Epilog

Als Onkel Nolte dies vernommen,
War ihm sein Herze sehr beklommen.

Doch als er nun genug geklagt:
»Oh!« sprach er – »Ich hab's gleich gesagt!

Das Gute – dieser Satz steht fest –
Ist stets das Böse, was man läßt!

Ei ja! – Da bin ich wirklich froh!
Denn, Gott sei Dank! Ich bin nicht so!«

Fipps der Affe

Anfang

Pegasus, du alter Renner,
Trag mich mal nach Afrika,
Alldieweil so schwarze Männer
Und so bunte Vögel da.

Kleider sind da wenig Sitte;
Höchstens trägt man einen Hut,
Auch wohl einen Schurz der Mitte;
Man ist schwarz und damit gut. –

Dann ist freilich jeder bange,
Selbst der Affengreis entfleucht,
Wenn die lange Brillenschlange
Zischend von der Palme kreucht.

Kröten fallen auf den Rücken,
Ängstlich wird das Bein bewegt;
Und der Strauß muß heftig drücken,
Bis das große Ei gelegt.

Krokodile weinen Tränen,
Geier sehen kreischend zu;
Sehr gemein sind die Hyänen;
Schäbig ist der Marabu.

Nur die Affen, voller Schnacken,
Haben Vor- und Hinterhand;
Emsig mümmeln ihre Backen;
Gerne hockt man beieinand.

Papa schaut in eine Stelle,
Onkel kratzt sich sehr geschwind,
Tante kann es grad so schnelle,
Mama untersucht das Kind.

Fipps — so wollen wir es nennen. —
Aber wie er sich betrug,
Wenn wir ihn genauer kennen,
Ach, das ist betrübt genug.

Selten zeigt er sich beständig,
Einmal hilft er aus der Not;
Anfangs ist er recht lebendig,
Und am Schlusse ist er tot.

Erstes Kapitel

Der Fipps, das darf man wohl gestehn,
Ist nicht als Schönheit anzusehn.
Was ihm dagegen Wert verleiht,
Ist Rührig- und Betriebsamkeit.

Wenn wo was los, er darf nicht fehlen;
Was ihm beliebt, das muß er stehlen;
Wenn wer was macht, er macht es nach;
Und Bosheit ist sein Lieblingsfach.

Es wohnte da ein schwarzer Mann,
Der Affen fing und briet sie dann.

Besonders hat er junge gern,
Viel lieber als die ältern Herrn.
»Ein alter Herr ist immer zäh!«
So spricht er oft und macht: »Bäbä!«

Um seine Zwecke zu erfüllen,
Wählt er drei leere Kürbishüllen.

Für auf den Kopf die große eine,
Für an die Hände noch zwei kleine.

So kriecht er in ein Bündel Stroh,
Macht sich zurecht und wartet so. –

Dies hat nun allerdings den Schein,
Als ob hier schöne Früchte sein.

Fipps, der noch nie so große sah,
Kaum sieht er sie, so ist er da.

Er wählt für seinen Morgenschmaus
Sich gleich die allergrößte aus.

Doch wie er oben sich bemüht,
Erfaßt ihn unten wer und zieht,
Bis daß an jeder Hinterhand
Ringsum ein Kürbis sich befand.

So denkt ihn froh und nach Belieben
Der böse Mann nach Haus zu schieben.

An dieses Mannes Nase hing
Zu Schmuck und Zier ein Nasenring.
Fipps faßt den Reif mit seinem Schweif.
Der Schwarze wird vor Schrecken steif.

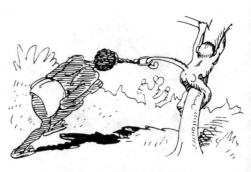

Die Nase dreht sich mehrere Male
Und bildet eine Qualspirale.

Jetzt biegt der Fipps den langen Ast,
Bis er den Ring der Nase faßt.

Dem Neger wird das Herze bang,
Die Seele kurz, die Nase lang.

Am Ende gibt es einen Ruck,
Und oben schwebt der Nasenschmuck.

Der Schwarze aber aß seit dieser
Begebenheit fast nur Gemüser.

Zweites Kapitel

Natürlich läßt Fipps die ekligen Sachen,
Ohne neidisch zu sein, von anderen machen.
Dagegen aber, wenn einer was tut,
Was den Anschein hat, als tät' es ihm gut,
Gleich kommt er begierig und hastig herbei,
Um zu prüfen, ob's wirklich so angenehm sei.

Mal saß er an des Ufers Rand
Auf einer Palme, die dorten stand.
Ein großes Schiff liegt auf dem Meer;
Vom Schiffe schaukelt ein Kahn daher.

Im kleinen Kahn, da sitzt ein Mann,
Der hat weder Schuhe noch Stiefel an;

Doch vor ihm steht ganz offenbar
Ein großes und kleines Stiefelpaar.

Das kleine, das er mit sich führt,
Ist innen mit pappigem Pech beschmiert;

Und wie der Mann an das Ufer tritt,
Bringt er die zwei Paar Stiefel mit.

Er trägt sie sorglich unter dem Arm
Und jammert dabei, daß es Gott erbarm.

Kaum aber ziehet der Trauermann
Sich einen von seinen Stiefeln an,
So mildern sich schon ganz augenscheinlich
Die Schmerzen, die noch vor kurzum so peinlich,

269

Und gar bei Stiefel Numero zwei
Zeigt er sich gänzlich sorgenfrei.

Dann sucht er im fröhlichen Dauerlauf
Den kleinen Nachen wieder auf
Und läßt aus listig bedachtem Versehn
Das kleine Paar Stiefel am Lande stehn.

Ratsch, ist der Fipps vom Baum herunter,
Ziehet erwartungsvoll und munter

Die Stiefel an seine Hinterglieder,
Und schau! Der lustige Mann kommt wieder.

O weh! Die Stiefel an Fippsens Bein
Stören die Flucht. Man holt ihn ein.

Vergebens strampelt er ungestüm,
Der Schiffer geht in den Kahn mit ihm.

Zum Schiffe schaukelt und strebt der Kahn,
Das Schiff fährt über den Ozean,
Und selbiger Mann (er schrieb sich Schmidt)
Nimmt Fipps direkt nach Bremen mit.

Drittes Kapitel

Zu Bremen lebt gewandt und still
Als ein Friseur der Meister Krüll,
Und jedermann in dieser Stadt,
Wer Haare und wer keine hat,
Geht gern zu Meister Krüll ins Haus
Und kommt als netter Mensch heraus.

Auch Schmidt läßt sich die Haare schneiden.
Krüll sieht den Affen voller Freuden,
Er denkt: Das wäre ja vor mir
Und meine Kunden ein Pläsier.

Und weil ihn Schmidt veräußern will,
So kauft und hat ihn Meister Krüll.

Es kam mal so und traf sich nun,
Daß Krüll, da anders nichts zu tun,
In Eile, wie er meistens tat,
Das Seitenkabinett betrat,
Wo er die Glanzpomade kocht,
Perücken baut und Zöpfe flocht,
Kurz, wo die kunstgeübte Hand
Vollendet, was der Geist erfand.

Zur selben Zeit erscheint im Laden,
Mit dünnem Kopf und dicken Waden,

Der schlichtbehaarte Bauer Dümmel,
Sitzt auf den Sessel, riecht nach Kümmel
Und hofft getrost, daß man ihn schere,
Was denn auch wirklich nötig wäre.

276

Wipps! sitzt der Fipps auf seinem Nacken,
Um ihm die Haare abzuzwacken.

Die Schere zwickt, die Haare fliegen;
Dem Dümmel macht es kein Vergnügen.

Oha! das war ein scharfer Schnitt,
Wodurch des Ohres Muschel litt.

»Hör upp!« schreit Dümmel schmerzensbange.
Doch schon hat Fipps die Kräuselzange.

Das Eisen glüht, es zischt das Ohr,
Ein Dampfgewölk steigt draus hervor.

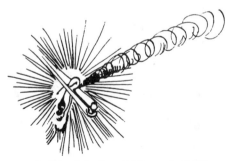

Die Schönheit dieser Welt verschwindet,
Und nur der Schmerz zieht, bohrt und mündet
In diesen einen Knotenpunkt,

Den Dümmel hier ins Wasser tunkt. –

Der Meister kommt. –
Hoch schwingt die Rechte,
Wie zum Gefechte, eine Flechte.

Der Spiegel klirrt, die Hand erlahmt;
Der Meister Krüll ist eingerahmt.

Mir scheint, ich bin hier unbeliebt!
Denkt Fipps, der sich hinwegbegibt.

Viertes Kapitel

Dämmrung war es, als Adele
Mit dem Freunde ihrer Seele,
Der so gerne Pudding aß,
Traulich bei der Tafel saß.

»Pudding«, sprach er, »ist mein Bestes!«
Drum zum Schluß des kleinen Festes

282

Steht der wohlgeformte große
Pudding mit der roten Soße
Braun und lieblich duftend da,
Was der Freund mit Wonne sah.

Aber, ach du meine Güte,
Plötzlich stockt das Herzgeblüte. –

Angelockt von Wohlgerüchen
Hat sich Fipps herbeigeschlichen,
Um mit seinen gier'gen Händen
Diesen Pudding zu entwenden,
Hergestellt mit großem Fleiß.

Ätsch! die Sache ist zu heiß! –

283

Ärgerlich ist solche Hitze.
Schlapp! der Freund hat eine Mütze

Tief bis über beide Backen.
Platsch! und in Adelens Nacken,
Tief bis unten in das Mieder,
Rinnt die rote Soße nieder.

So wird oft die schönste Stunde
In der Liebe Seelenbunde
Durch Herbeikunft eines Dritten
Mitten durch- und abgeschnitten;
Und im Innern wehmutsvoll
Tönt ein dumpfes Kolleroll!

Fünftes Kapitel

Für Fipps wird es dringende Essenszeit. –
Mit fröhlicher Gelenkigkeit
Durch eine Seitengasse entflieht er
Und schleicht in den Laden von einem Konditer.

Da gibt es schmackhafte Kunstgebilde,
Nicht bloß härtliche, sondern auch milde;
Da winken Krapfen und Mohrenköpfe,
Künstlich geflochtene Brezen und Zöpfe;
Auch sieht man da für gemischtes Vergnügen
Mandeln, Rosinen et cetera liegen. –

»Horch!« ruft voll Sorge Konditor Köck.
»Was rappelt da zwischen meinem Gebäck?«

286

Die Sorge wandelt sich in Entsetzen,
Denn da steht Fipps mit Krapfen und Brezen.

Die Brezen trägt er in einer Reih
Auf dem Schwanz, als ob es ein Stecken sei,
Und aufgespießt, gleich wie auf Zapfen,
An allen vier Daumen sitzen die Krapfen.

Zwar Köck bemüht sich, daß er ihn greife
Hinten bei seinem handlichen Schweife,

Doch weil er soeben den Teig gemischt,
So glitscht er ab, und der Dieb entwischt.

Nichts bleibt ihm übrig als lautes Gebröll,
Und grad kommt Mieke, die alte Mamsell.

Unter hellem Gequieke fällt diese Gute
Platt auf die Steine mit Topf und Tute.
Durch ihre Beine eilt Fipps im Sprunge.
Ihn wirft ein schwärzlicher Schusterjunge

Mit dem Stulpenstiefel, der frisch geschmiert,
So daß er die schönen Krapfen verliert.

Auch wartet ein Bettelmann auf der Brücken
Mit einem Buckel und zween Krücken.

Derselbe verspürt ein großes Verlangen,
Die Brezeln vermittelst der Krücke zu fangen;

Dies kommt ihm aber nicht recht zunütze,
Denn Fipps entzieht ihm die letzte Stütze. –
Da liegt er nun wie ein Käfer am Rücken. –
Fipps aber begibt sich über die Brücken
Und eilet gar sehr beängstigt und matt
Mit der letzten Brezel aus dieser Stadt. –
Schon ist es dunkel und nicht geheuer,

Er schwingt sich über ein Gartengemäuer.
Hier hofft er auf angenehm nächtliche Ruh.

291

Klapp – schnappt die eiserne Falle zu. –

Sofort tritt aus dem Wohngebäude
Ein Herr und äußert seine Freude.
»Aha!« So ruft er. »Du bist wohl der,
Der Hühner stiehlt? Na, denn komm her!«

Hiermit schiebt er ihn vergnüglich
In einen Sack. Und unverzüglich

Ohne jede weitere Besichtigung
Beginnt er die schmerzhafte Züchtigung.

Drauf schließt er ihn für alle Fälle
In einen der leeren Hühnerställe,

Damit er am andern Morgen sodann
Diesen Bösewicht näher besichtigen kann.

Sechstes Kapitel

Wer vielleicht zur guten Tat
Keine rechte Neigung hat,
Dem wird Fasten und Kastein
Immerhin erfrischend sein. –

Als der Herr von gestern abend,
Fest und wohl geschlafen habend
(Er heißt nämlich Doktor Fink),
Morgens nach dem Stalle ging,
Um zu sehn, wen er erhascht –
Ei, wie ist er überrascht,
Als bescheiden, sanft und zahm,
Demutsvoll und lendenlahm,

Fipps aus seinem Sacke steigt,
Näher tritt und sich verneigt.

Lächelnd reicht Frau Doktorin
Ihm den guten Apfel hin,
Und das dicke, runde, fette,
Nette Kindermädchen Jette
Mit der niedlichen Elise,
Ei herrje! Wie lachten diese. –

Zwei nur finden's nicht am Platze;
Schnipps, der Hund, und Gripps, die Katze,

Die nicht ohne Mißvertrauen
Diesen neuen Gast beschauen.

Fipps ist aber recht gelehrig
Und beträgt sich wie gehörig.
Morgens früh, so flink er kann,
Steckt er Fink die Pfeife an.

Fleißig trägt er dürre Reiser,
Ja, Kaffee zu mahlen weiß er,
Und sobald man musiziert,
Horcht er still, wie sich's gebührt.
Doch sein innigstes Vergnügen
Ist, Elisen sanft zu wiegen,
Oder, falls sie mal verdrossen,
Zu erfreun durch schöne Possen.

Kurz, es war sein schönster Spaß,
Wenn er bei Elisen saß.
Dafür kriegt er denn auch nun
Aus verblümtem Zitzkattun
Eine bunte und famose
Hinten zugeknöpfte Hose;
Dazu, reizend von Geschmack,
Einen erbsengrünen Frack;

—

Und so ist denn gegenwärtig
Dieser hübsche Junge fertig.

Siebentes Kapitel

Elise schläft in ihrer Wiegen.
Fipps paßt geduldig auf die Fliegen. —
Indessen denkt die runde Jette,
Was sie wohl vorzunehmen hätte;
Sieht eine Wespe, die verirrt
Am Fenster auf und nieder schwirrt,

Und treibt das arme Stacheltier
In eine Tute von Papier.

Sanft lächelnd reicht sie ihm die Tute,
Damit er Gutes drin vermute.

Er öffnet sie geschickt und gern,
Denn jeder Argwohn liegt ihm fern.

Schnurr pick! Der Stachel sitzt am Finger.
Der Schmerz ist gar kein so geringer.

Doch Fipps hat sich alsbald gefaßt,
Zermalmt das Ding, was ihm verhaßt,

Setzt sich dann wieder an die Wiegen
Und paßt geduldig auf die Fliegen. –

Vor allem eine ist darunter,
Die ganz besonders frech und munter.
Jetzt sitzt sie hier, jetzt summt sie da,
Bald weiter weg, bald wieder nah.

Jetzt krabbelt sie auf Jettens Jacke,

Jetzt wärmt sie sich auf Jettens Backe.
Das gute Kind ist eingenickt.

Kein Wunder, wenn sie nun erschrickt,

Denn, schlapp! Die Fliege traf ein Hieb,

Woran sie starb und sitzen blieb. —

Fipps aber hockt so friedlich da,
Als ob dies alles nicht geschah,

Und schließet seine Augen zu
Mit abgefeimter Seelenruh.

Achtes Kapitel

Kaum hat mal einer ein bissel was,
Gleich gibt es welche, die ärgert das. –
Fipps hat sich einen Knochen stibitzt,
Wo auch noch ziemlich was drannen sitzt.

Neidgierig hocken im Hintergrund
Gripps, der Kater, und Schnipps, der Hund.

Wauwau! Sie sausen von ihrem Platze.

Happs! macht der Hund, kritzekratze! die Katze,
Daß Fipps in ängstlichem Seelendrang

Eilig auf einen Schrank entsprang,
Allwo man aufbewahren tät
Mancherlei nützliches Handgerät.

Und Gripps, der Kater, und Schnipps, der Hund,
Schleichen beschämt in den Hintergrund.

Fipps aber knüpft mit der Hand gewandt
Den Knochen an ein Band, das er fand,
Und schlängelt dasselbe voller List
Durch einen Korb, welcher löchrig ist.

Sogleich folgt Gripps dem Bratengebein

Bis tief in das Korbgeflecht hinein.

Schwupp! hat ihn der Fipps drin festgedrückt,
Und mit der Zange, die beißt und zwickt,
Entfernt er sorgsam die scharfen Klauen.

Ach, wie so kläglich muß Gripps miauen,
Denn gerade in seinen Fingerspitzen
Hat er die peinlichsten Nerven sitzen.

Jetzt wird auch noch der Schweif gebogen
Und durch des Korbes Henkel gezogen.
Mit einer Klammer versieht er ihn,
Damit er nicht leichtlich herauszuziehn.
Schnipps, der Hund, schnappt aber derweilen
Den Knochen und möchte von dannen eilen.

Dieses gelingt ihm jedoch nicht ganz,
Denn Fipps erwischt ihn bei seinem Schwanz

Und schwingt ihn solchermaßen im Kreis,
Bis er nichts Gescheits mehr zu denken weiß.

Hiernach, gewissermaßen als Schlitten,
Zieht er ihn durch des Hofes Mitten.

Und läßt ihn dorten mal soeben
Über dem Abgrund des Brunnens
    schweben,
Wo ein schwäch- und ängstlich Gemüt
Nur ungern hängt und hinuntersieht.

Drauf so führt er ihn hinten nach
An des Daches Rinne bis auf das Dach

Und lehnt ihn über den Schlot allhier.
Daraus geht ein merklicher Dampf herfür. –
Dem Auge höchst peinlich ist der Rauch,
Auch muß man niesen und husten auch,
Und schließlich denkt man nichts weiter als bloß:
Jetzt wird's mir zu dumm, und ich lasse los.
So wird dieser Rauch immer stärker und stärker,
Schnipps fällt rücküber und auf den Erker,

Doch Gripps, der grad aus der Luke fährt,
Fühlt plötzlich, ihm wird der Korb beschwert.

Hulterpulter, sie rumpeln in großer Hast
Vom Dach und baumeln an einem Ast.

Hier trennt man sich nicht ohne Pein.

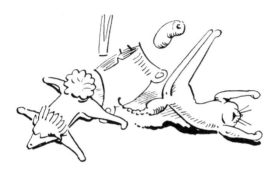

Und jeder ist wieder

für sich allein.

Seitdem war Fipps von diesen zween
Als Meister verehrt und angesehn.

Neuntes Kapitel

Mit Recht erscheint uns das Klavier,
Wenn's schön poliert, als Zimmerzier.
Ob's außerdem Genuß verschafft,
Bleibt hin und wieder zweifelhaft.

Auch Fipps fühlt sich dazu getrieben,
Die Kunst in Tönen auszuüben.

Er zeigt sich wirklich sehr gewandt,
Selbst mit der linken Hinterhand.

Und braucht er auch die Rechte noch,
Den Apfel, den genießt er doch.

Zu Kattermäng gehören zwei,
Er braucht sich bloß allein dabei.

Piano klingt auf diese Weise
Besonders innig, weich und leise.

Jetzt stimmen ein mit Herz und Mund
Der Kater Gripps und Schnipps, der Hund.

Bei dem Duett sind stets zu sehn
Zwei Mäuler, welche offenstehn.

Oft wird es einem sehr verdacht,
Wenn er Geräusch nach Noten macht.

Der Künstler fühlt sich stets gekränkt,
Wenn's anders kommt, als wie er denkt.

Zehntes Kapitel

Wöhnlich im Wechselgespräch
    beim angenehm schmeckenden Portwein
Saßen Professor Klöhn und Fink,
    der würdige Doktor.
Aber jener beschloß, wie folgt,
    die belehrende Rede:
»O verehrtester Freund!
    Nichts gehet doch über die hohe
Weisheit der Mutter Natur. –
    Sie erschuf ja so mancherlei Kräuter,

Harte und weiche zugleich,
    doch letztere mehr zu Gemüse.

Auch erschuf sie die Tiere,
    erfreulich, harmlos und nutzbar;
Hüllte sie außen in Häute,
    woraus man Stiefel verfertigt,
Füllte sie innen mit Fleisch
    von sehr beträchtlichem Nährwert;
Aber erst ganz zuletzt,
    damit er es dankend benutze,
Schuf sie des Menschen Gestalt
    und verlieh ihm die Öffnung des Mundes.

Aufrecht stehet er da,
    und alles erträgt er mit Würde.«

Also sprach der Professor,
    erhub sich und setzte den Hut auf.

Wehe, die Nase hernieder
    ins Mundloch rieselt die Tinte.

Wehe, durch Gummi verklebt,
  fest haftet das nützliche Sacktuch.

Drohend mit Zorngebärde
  erhebt er den schlanken Spazierstock.

Autsch! Ein schmerzlich Geflecht
umschlingt den schwellenden Daumen

Hastig begibt er sich fort;
indessen die Würde ist mäßig.

Elftes Kapitel

Wie gewöhnlich liest die Jette
Wieder nachts in ihrem Bette.
Auf dem Kopf hat sie die Haube,
In der Hand die Gartenlaube.
Hieran will sie sich erfreun,

Duselt, nickt und schlummert ein.
An das Unschlittkerzenlicht,
Daran denkt sie freilich nicht. –
Erst brennt nur die Zeitungsecke,

Dann der Vorhang, dann die Decke.
Schließlich brennt das ganze Haus;

Unten läuft man schon heraus. –

Vater Fink, er läuft nicht schlecht,
Trägt den treuen Stiefelknecht.

Mutter Fink, besorgt vor allen,
Rettet ihre Mausefallen.

Jette schwebt vom Fensterrand;
Sie ist etwas angebrannt.

Doch sie sinkt ins Regenfaß,

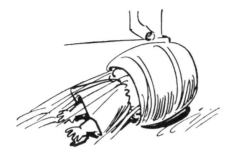

Wo es drinne kühl und naß. –

Also sicher wären diese. –
Aber ach, wo ist Elise?

Seht nach oben! Fipps, der Brave,
Hält das Kind, was fest im Schlafe.

Aus dem Fenster, hoch im Raume,
Schwingt er sich zum nächsten Baume.

Höchst besorgt wie eine Amme
Rutscht er abwärts an dem Stamme.

Sanft legt er Elisen nieder.
Sie hat ihre Eltern wieder;
Und die Flasche steht dabei,
Falls Elise durstig sei. −

Zwölftes Kapitel

Fink hat versichert, Gott Lob und Dank,
Bei der Aachener Feuerversicherungs-Bank,
Und nach zwei Jahren so ungefähr
Wohnt er weit schöner als wie vorher. –

Fipps natürlich, der hat es seitdem
In jeder Hinsicht sehr angenehm. –

Dies aber wird ihm im höchsten Grad
Unerträglich und wirklich fad.
Denn, leider Gottes, so ist der Schlechte,
Daß er immer was anderes möchte,
Auch hat er ein höchst verruchtes Gelüst,
Grad so zu sein, wie er eben ist.

Mal traf es sich, daß die Familie Fink
Zusammen aus- und spazierenging,
Um nebst Besorgung von anderen Sachen
Professor Klöhn einen Besuch zu machen. –

Fipps sehnt sich förmlich nach bösen Streichen.
Sein Plan steht fest. Er will entweichen.

335

Schon ist er im Feld. Die Hasen fliehn.
Einen Wanderer sieht man des Weges ziehn.

Sehr heftig erschrickt der Wandersmann.
Die Töpfersfrau geht still voran.

Zuweilen fällt das Topfgeschirr,
Und dann zerbricht es mit großem Geklirr.
In jenem Haus da, so fügt's der Himmel,
Wohnt grad der bewußte Bauer Dümmel;

Und Dümmels Küchlein piepsen bang,
Denn Fipps zieht ihnen die Hälse lang.

Da steht auch Dümmels kleiner Sohn
Mit dem Butterbrot. –

Fipps hat es schon.

Des kleinen Dümmels durchdringender Schrei
Lockt seine erschrockene Mutter herbei.

Mit den Schreckensworten: »Da kummt de Dübel!«
Fällt sie in einen dastehenden Kübel.

Doch Dümmel schreit und kennt ihn gleich wieder:
»Dat is de verdammtige Haaresnieder!«

Schnell faßt er die Flinte, ein Schießeding,
Was da seit Anno funfzehn hing.

Auch sammeln sich eilig von jeglicher Seite
Die Nachbarsleute, gerüstet zum Streite.

Sie alle machen großmächtige Schritte,
Und plötzlich ruft einer: »Kiek, kiek, da sitt'e!«

Jetzt harrt ein jeglicher ängstlich und stumm.

Dümmel legt an. – Er zielt. – Er drückt. –
Dann geht es: Wumm!

Groß ist der Knall und der Rückwärtsstoß,
Denn jahrelang ging diese Flinte nicht los.

Ende

Wehe! Wehe! Dümmel zielte wacker.
Fipps muß sterben, weil er so ein Racker. –
Wie durch Zufall kommen alle jene,
Die er einst gekränkt, zu dieser Szene.
Droben auf Adelens Dienersitze
Thront der Schwarze mit dem Nasenschlitze.

Miecke, Krüll und Köck mit seinem Bauch,
Wandrer, Töpfersfrau, der Bettler auch;
Alle kommen, doch von diesen allen
Läßt nicht einer eine Träne fallen,
Auch ist eine solche nicht zu sehn
In dem Auge von Professor Klöhn,
Der mit Fink und Frau und mit Elisen
Und mit Jetten wandelt durch die Wiesen.
Nur Elise faßte Fippsens Hand,
Während ihr das Aug voll Tränen stand.

»Armer Fipps!« So spricht sie herzig treu.
Damit stirbt er. Alles ist vorbei.

Man begrub ihn hinten in der Ecke,
Wo in Finkens Garten an der Hecke
All die weißen Doldenblumen stehn.
Dort ist, sagt man, noch sein Grab zu sehn.
Doch, daß Kater Gripps und Schnipps, der Hund,
Ganz untröstlich, sagt man ohne Grund.

Plisch und Plum

Erstes Kapitel

Eine Pfeife in dem Munde,
Unterm Arm zwei junge Hunde
Trug der alte Kaspar Schlich. –
Rauchen kann er fürchterlich.
Doch, obschon die Pfeife glüht,
Oh, wie kalt ist sein Gemüt! –
»Wozu«, lauten seine Worte,
»Wozu nützt mir diese Sorte?
Macht sie mir vielleicht Pläsier?
Einfach nein! erwidr' ich mir.
Wenn mir aber was nicht lieb,
Weg damit! ist mein Prinzip.«

An dem Teiche steht er still,
Weil er sie ertränken will.

Ängstlich strampeln beide kleinen
Quadrupeden mit den Beinen;
Denn die innre Stimme spricht:
Der Geschichte trau ich nicht! –

Hubs! fliegt einer schon im Bogen.

Plisch! da glitscht er in die Wogen.

Hubs! der zweite hinterher.

Plum! damit verschwindet er.

»Abgemacht!« rief Kaspar Schlich,
Dampfte und entfernte sich.

Aber hier, wie überhaupt,
Kommt es anders, als man glaubt.
Paul und Peter, welche grade
Sich entblößt zu einem Bade,
Gaben still verborgen acht,
Was der böse Schlich gemacht.

Hurtig und den Fröschen gleich
Hupfen beide in den Teich.

Jeder bringt in seiner Hand
Einen kleinen Hund ans Land.

»Plisch«, rief Paul, »so nenn ich meinen.«
Plum — so nannte Peter seinen.

Und so tragen Paul und Peter
Ihre beiden kleinen Köter
Eilig, doch mit aller Schonung,
Hin zur elterlichen Wohnung.

Zweites Kapitel

Papa Fittig, treu und friedlich,
Mama Fittig, sehr gemütlich,

Sitzen, Arm in Arm geschmiegt,
Sorgenlos und stillvergnügt
Kurz vor ihrem Abendschmause
Noch ein wenig vor dem Hause,
Denn der Tag war ein gelinder,
Und erwarten ihre Kinder.

Sieh, da kommen alle zwei,
Plisch und Plum sind auch dabei. –
Dies scheint aber nichts für Fittig.
Heftig ruft er: »Na, da bitt ich!«

Doch Mama mit sanften Mienen,
»Fittig!« bat sie. »Gönn es ihnen!«

Angerichtet stand die frische
Abendmilch schon auf dem Tische.
Freudig eilen sie ins Haus;
Plisch und Plum geschwind voraus.

Ach, da stehn sie ohne Scham
Mitten in dem süßen Rahm
Und bekunden ihr Behagen
Durch ein lautes Zungenschlagen.

Schlich, der durch das Fenster sah,
Ruft verwundert: »Ei, sieh da!

Das ist freilich ärgerlich –
Hehe! Aber nicht für mich!«

Drittes Kapitel

Paul und Peter, ungerührt,
Grad als wäre nichts passiert,
Ruhn in ihrem Schlafgemach;
Denn was fragen sie danach.
Ein und aus durch ihre Nasen
Säuselt ein gelindes Blasen.

Plisch und Plum hingegen scheinen
Noch nicht recht mit sich im reinen

In betreff der Lagerstätte.
Schließlich gehn sie auch zu Bette.

Unser Plisch, gewohnterweise,
Dreht sich dreimal erst im Kreise.
Unser Plum dagegen zeigt
Sich zur Zärtlichkeit geneigt.
Denen, die der Ruhe pflegen,
Kommen manche ungelegen.

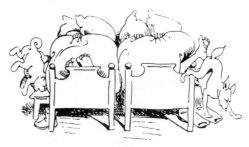

»Marsch!« – Mit diesem barschen Wort
Stößt man sie nach außen fort. –
Kühle weckt die Tätigkeit;
Tätigkeit verkürzt die Zeit.

Sehr willkommen sind dazu
Hier die Hose, da der Schuh;
Welche, eh der Tag beginnt,

Auch bereits verändert sind.

Für den Vater, welch ein Schrecken,
als er kam und wollte wecken.
Der Gedanke macht ihn blaß.
Wenn er fragt: Was kostet das?

Schon will er die Knaben strafen,
Welche tun, als ob sie schlafen.
Doch die Mutter fleht: »Ich bitt dich,
Sei nicht grausam, bester Fittig!«
Diese Worte liebevoll
Schmelzen seinen Vatergroll.

Paul und Peter ist's egal.
Peter geht vorerst einmal
In zwei Schlapp-Pantoffeln los,
Paul in seiner Zackenhos.

Plisch und Plum, weil ohne Sitte,
Kommen in die Hundehütte.

366

»Ist fatal!« bemerkte Schlich.
»Hehe! Aber nicht für mich!«

Viertes Kapitel

Endlich fing am Drahtgehäuse
Sich die frechste aller Mäuse,
Welche Mama Fittig immer,

Bald im Keller, bald im Zimmer
Und besonders bei der Nacht
Fürchterlich nervös gemacht.

Dieses gibt für Plisch und Plum
Ein erwünschtes Gaudium;
Denn jetzt heißt es: »Mal heraus,
Alte, böse Knuspermaus!«

Husch! Des Peters Hosenbein,
Denkt sie, soll ihr Schutz verleihn.

Plisch verfolgt sie in das Rohr;
Plum steht anderseits davor.

Knipp! in sein Geruchsorgan
Bohrt die Maus den Nagezahn.

Plisch will sie am Schwanze ziehn,

Knipp! am Ohre hat sie ihn.

Siehst du wohl, da läuft sie hin
In das Beet der Nachbarin.

Kritzekratze, wehe dir,
Du geliebte Blumenzier!

Madam Kümmel will soeben
Öl auf ihre Lampe geben.
Fast wär' ihr das Herz geknickt,
Als sie in den Garten blickt.

372

Sie beflügelt ihren Schritt,
Und die Kanne bringt sie mit.

Zornig, aber mit Genuß,
Gibt sie jedem einen Guß;
Erst dem Plisch und dann dem Plum.
Scharf ist das Petroleum;

Und die Wirkung, die es macht,
Hat Frau Kümmel nicht bedacht.

Aber was sich nun begibt,
Macht Frau Kümmel so betrübt,
Daß sie, wie von Wahn umfächelt,
Ihre Augen schließt und lächelt.

Mit dem Seufzerhauche: »Uh!«
Stößt ihr eine Ohnmacht zu.

Paul und Peter, frech und kühl,
Zeigen wenig Mitgefühl;
Fremder Leute Seelenschmerzen
Nehmen sie sich nicht zu Herzen.

»Ist fatal!« bemerkte Schlich.
»Hehe! Aber nicht für mich.«

Fünftes Kapitel

Kurz die Hose, lang der Rock,
Krumm die Nase und der Stock,
Augen schwarz und Seele grau,
Hut nach hinten, Miene schlau –
So ist Schmulchen Schievelbeiner.
(Schöner ist doch unsereiner!)

Er ist grad vor Fittigs Tür;
»Rauwauwau!« erschallt es hier. –

377

Kaum verhallt der rauhe Ton,
So erfolgt das Weitre schon.

Und, wie schnell er sich auch dreht,
Ach, er fühlt, es ist zu spät;

Unterhalb des Rockelores
Geht sein ganze Sach kapores.

Soll ihm das noch mal passieren?
Nein, Vernunft soll triumphieren.

Schnupp! Er hat den Hut im Munde.
Staunend sehen es die Hunde,
Wie er so als Quadruped
Rückwärts nach der Türe geht,

Wo Frau Fittig nur mal eben
Sehen will, was sich begeben. –
Sanft, wie auf die Bank von Moos,

Setzt er sich in ihren Schoß.

Fittig eilte auch herbei. –
»Wai!« rief Schmul. »Ich bin entzwei!
Zahlt der Herr von Fittig nicht,
Werd ich klagen bei's Gericht!«

381

Er muß zahlen. – Und von je
Tat ihm das doch gar so weh.

Auf das Knabenpaar zurück
Wirft er einen scharfen Blick,
So als ob er sagen will:
»Schämt euch nur, ich schweige still!«

Doch die kümmern sich nicht viel
Um des Vaters Mienenspiel. —

»Ist fatal«, bemerkte Schlich.
»Hehe! Aber nicht für mich!«

Sechstes Kapitel

Plisch und Plum, wie leider klar,
Sind ein niederträchtig Paar;
Niederträchtig, aber einig,
Und in letzter Hinsicht, mein' ich,

Immerhin noch zu verehren;
Doch wie lange wird es währen?
Bösewicht mit Bösewicht –
Auf die Dauer geht es nicht.

Vis-à-vis im Sonnenschein
Saß ein Hündchen hübsch und klein,

Dieser Anblick ist für beide
Eine unverhoffte Freude.

Jeder möchte vorne stehen,
Um entzückt hinaufzuspähen.
Hat sich Plisch hervorgedrängt,
Fühlt der Plum sich tief gekränkt.

Drängt nach vorne sich der Plum,
Nimmt der Plisch die Sache krumm.

Schon erhebt sich dumpfes Grollen,
Füße scharren, Augen rollen,

Und der heiße Kampf beginnt;

Plum muß laufen, Plisch gewinnt.

Mama Fittig machte grad
Pfannekuchen und Salat,
Das bekannte Leibgericht,
Was so sehr zum Herzen spricht.

Hurr! da kommt mit Ungestüm
Plum, und Plisch ist hinter ihm.

Schemel, Topf und Kuchenbrei
Mischt sich in die Beißerei. –
»Warte, Plisch! Du Schwerenöter!«
Damit reichte ihm der Peter
Einen wohlgezielten Hieb. –
Das ist aber Paul nicht lieb.

»Warum schlägst du meinen Köter?«
Ruft der Paul und haut den Peter.

Dieser, auch nicht angefroren,
Klatscht dem Paul um seine Ohren.

Jetzt wird's aber desperat. –
Ach, der köstliche Salat

Dient den aufgeregten Geistern,
Sie damit zu überkleistern.

Papa Fittig kommt gesprungen
Mit dem Stocke hochgeschwungen.
Mama Fittig, voller Güte,
Daß sie dies Malheur verhüte,
»Bester Fittig«, ruft sie, »faß dich!«
Dabei ist sie etwas hastig.

Ihre Haube, zart umflort,
Wird von Fittigs Stock durchbohrt.

»Hehe!« lacht der böse Schlich.
»Wie ich sehe, hat man sich!«

Wer sich freut, wenn wer betrübt,
Macht sich meistens unbeliebt.

Lästig durch die große Hitze
Ist die Pfannekuchenmütze.

»Höchst fatal!« bemerkte Schlich.
»Aber diesmal auch für mich!«

Siebentes Kapitel

Seht, da sitzen Plisch und Plum
Voll Verdruß und machen brumm!
Denn zwei Ketten, gar nicht lang,
Hemmen ihren Tatendrang.

Und auch Fittig hat Beschwerden.
Dies – denkt er – muß anders werden!
Tugend will ermuntert sein,
Bosheit kann man schon allein!

Daher sitzen Paul und Peter
Jetzt vor Bokelmanns Katheder;
Und Magister Bokelmann
Hub, wie folgt, zu reden an:

396

»Geliebte Knaben, ich bin erfreut,
Daß ihr nunmehro gekommen seid,
Um, wie ich hoffe, mit allen Kräften
Augen und Ohren auf mich zu heften. –
Zum ersten: Lasset uns fleißig betreiben
Lesen, Kopf-, Tafelrechnen und Schreiben,
Alldieweil der Mensch durch sotane Künste
Zu Ehren gelanget und Brotgewinste.

Zum zweiten: Was würde das aber besagen
Ohne ein höfliches Wohlbetragen;
Denn wer nicht höflich nach allen Seiten,
Hat doch nur lauter Verdrießlichkeiten,
Darum zum Schlusse – denn sehet, so bin ich –
Bitt ich euch dringend, inständigst und innig,
Habt ihr beschlossen in eurem Gemüte,
Meiner Lehre zu folgen in aller Güte,
So reichet die Hände und blicket mich an
Und sprechet: Jawohl, Herr Bokelmann!«

Paul und Peter denken froh:
Alter Junge, bist du so?
Keine Antwort geben sie,
Sondern machen bloß hihi!
Worauf er, der leise pfiff,
Wiederum das Wort ergriff.

»Dieweil ihr denn gesonnen«, so spricht er,
»Euch zu verhärten als Bösewichter,
So bin ich gesonnen, euch dahingegen
Allhier mal über das Pult zu legen,
Um solchermaßen mit einigen Streichen
Die harten Gemüter euch zu erweichen.«

Flugs hervor aus seinem Kleide,
Wie den Säbel aus der Scheide,

Zieht er seine harte, gute
Schlanke, schwanke Haselrute,
Faßt mit kund'ger Hand im Nacken
Paul und Peter bei den Jacken
Und verklopft sie so vereint,
Bis es ihm genügend scheint.

»Nunmehr«, so sprach er in guter Ruh,
»Meine lieben Knaben, was sagt ihr dazu?
Seid ihr zufrieden, und sind wir uns einig?«
»Jawohl, Herr Bokelmann!«
        riefen sie schleunig.

Dies ist Bokelmanns Manier.
Daß sie gut, das sehen wir.
Jeder sagte, jeder fand:
»Paul und Peter sind charmant!«

Aber auch für Plisch und Plum
Nahte sich das Studium
Und die nötige Dressur,
Ganz wie Bokelmann verfuhr.

400

Bald sind beide kunstgeübt,
Daher allgemein beliebt,
Und, wie das mit Recht geschieht,
Auf die Kunst folgt der Profit.

Schluß

Zugereist in diese Gegend,
Noch viel mehr als sehr vermögend,
In der Hand das Perspektiv,
Kam ein Mister namens Pief.
»Warum soll ich nicht beim Gehen«,
Sprach er, »in die Ferne sehen?
Schön ist es auch anderswo,
Und hier bin ich sowieso.«

Hierbei aber stolpert er
In den Teich und sieht nichts mehr.

»Paul und Peter, meine Lieben,
Wo ist denn der Herr geblieben?«
Fragte Fittig, der mit ihnen
Hier spazierengeht im Grünen.

Doch wo der geblieben war,
Wird ihm ohne dieses klar.
Ohne Perspektiv und Hut
Steigt er ruhig aus der Flut.

»Alleh, Plisch und Plum, apport!«
Tönte das Kommandowort.

404

Streng gewöhnt an das Parieren,
Tauchen sie und apportieren
Das Vermißte prompt und schnell.
Mister Pief sprach: »Weriwell!
Diese zwei gefallen mir!

Wollt ihr hundert Mark dafür?«
Drauf erwidert Papa Fittig
Ohne weiters: »Ei, da bitt ich.«
Er fühlt sich wie neu gestärkt,
Als er soviel Geld bemerkt.

405

»Also, Plisch und Plum, ihr beiden,
Lebet wohl, wir müssen scheiden,
Ach, von dieser Stelle hier,
Wo vor einem Jahr wir vier
In so schmerzlich süßer Stunde
Uns vereint zum schönen Bunde;
Lebt vergnügt und ohne Not,
Beefsteak sei euer täglich Brot!«

Schlich, der auch herbeigekommen,
Hat dies alles wahrgenommen.
Fremdes Glück ist ihm zu schwer.
»Recht erfreulich!« murmelt er.
»Aber leider nicht für mich!«

Plötzlich fühlt er einen Stich,
Kriegt vor Neid den Seelenkrampf,
Macht geschwind noch etwas Dampf,

Fällt ins Wasser, daß es zischt,
Und der Lebensdocht erlischt. —

Einst belebt von seinem Hauche,
Jetzt mit spärlich mattem Rauche
Glimmt die Pfeife noch so weiter
Und verzehrt die letzten Kräuter.
Noch ein Wölkchen blau und kraus. –
Phüt! ist die Geschichte